SUCCESSION PAUL LACROIX

(BIBLIOPHILE JACOB)

CATALOGUE DES LIVRES

COMPOSANT

LA BIBLIOTHÈQUE

DU

BIBLIOPHILE JACOB

(PREMIÈRE PARTIE)

VENTE AUX ENCHÈRES PUBLIQUES

Le LUNDI 2 Mars 1885 et jours suivants
à 7 heures 1/2 du soir

28, RUE DES BONS ENFANTS, 28

(Maison SILVESTRE). Salle N° 2, au premier.

Par le Ministère de M° Maurice DELESTRE, Commissaire-Priseur,
27, rue Drouot

*Assisté de M. A. CLAUDIN, Libraire-Expert et Paléographe
Lauréat de l'Institut.*

———▷—✳—◁———

PARIS

LIBRAIRIE A. CLAUDIN

3, Rue Guénégaud, 3 (près le Pont-Neuf).

M.D.CCC.LXXXV

CATALOGUE

DE LA

BIBLIOTHÈQUE

DE

FEU PAUL LACROIX

(BIBLIOPHILE JACOB)

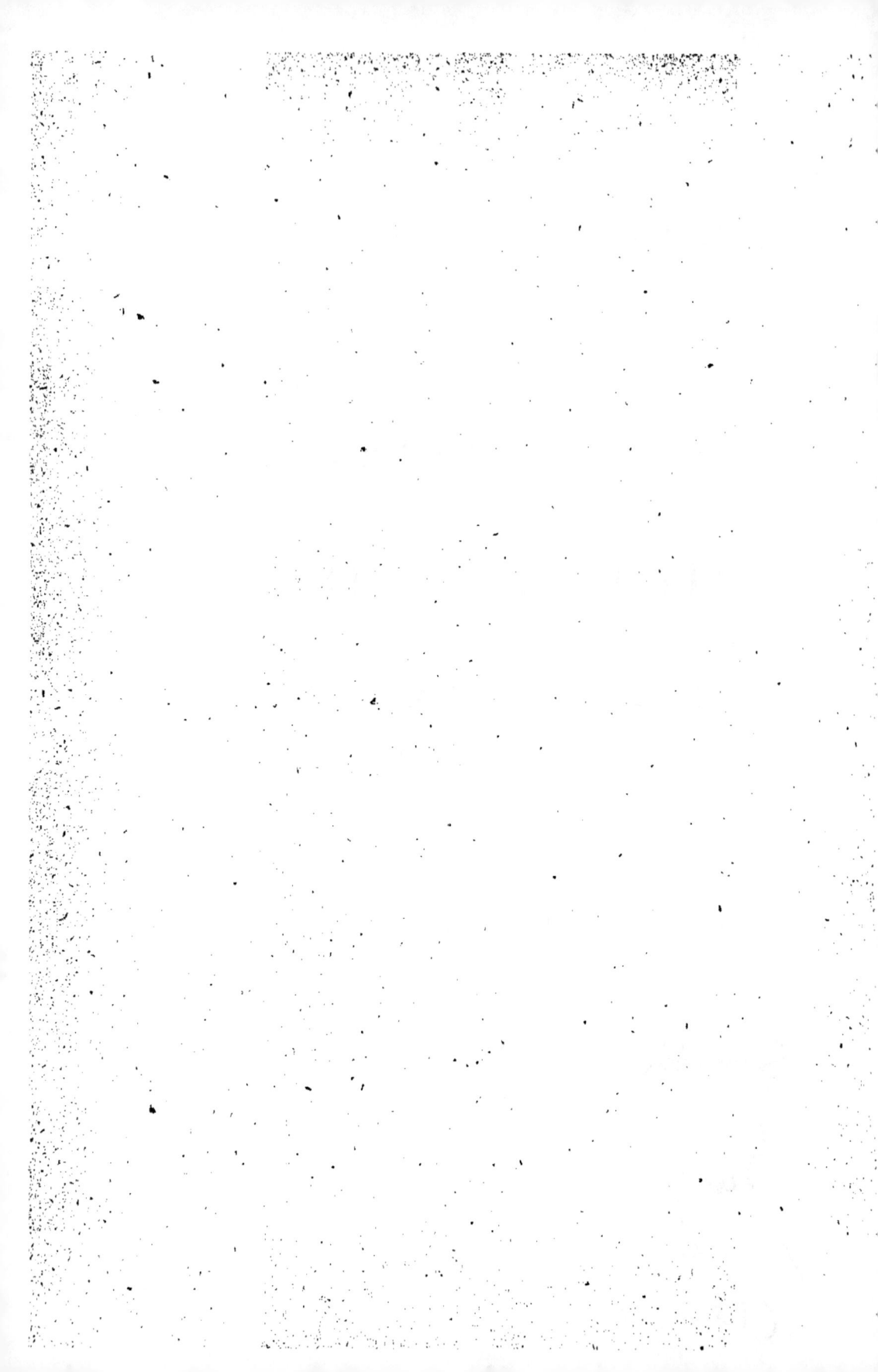

SUCCESSION PAUL LACROIX

(BIBLIOPHILE JACOB)

CATALOGUE DES LIVRES

COMPOSANT

LA BIBLIOTHÈQUE

DU

BIBLIOPHILE JACOB

(PREMIÈRE PARTIE)

VENTE AUX ENCHÈRES PUBLIQUES

Le LUNDI 2 Mars 1885 et jours suivants
à 7 heures 1/2 du soir

28, RUE DES BONS ENFANTS, 28

(Maison Silvestre). Salle N° 2, au premier.

**Par le Ministère de M° Maurice DELESTRE, Commissaire-Priseur,
27, rue Drouot**

*Assisté de M. A. CLAUDIN, Libraire-Expert et Paléographe
Lauréat de l'Institut.*

---—▷✶◁——---

PARIS

, LIBRAIRIE A. CLAUDIN

3, Rue Guénégaud, 3 (près le Pont-Neuf).

—

M.D.CCC.LXXXV

Nous n'avons pas ici à faire l'éloge du littérateur fécond et spirituel, du causeur charmant,
de l'homme obligeant et bon qui avait ressuscité le nom désormais célèbre du P. Louis
Jacob, de Chalon-sur-Saône, modeste érudit du
XVIIe siècle.

D'autres plus compétents que nous se sont
déjà chargés de ce soin, et des mains amies ont
pieusement recueilli tout ce qui pourra servir à
reconstituer l'œuvre littéraire véritablement
prodigieuse de Paul Lacroix. Nous n'avons donc
à parler que de sa bibliothèque, et nous allons
le faire aussi brièvement que possible.

Le *Bibliophile Jacob* a laissé une collection
nombreuse, composée plutôt de livres de travail
que de raretés bibliographiques. Ce n'était pas
faute cependant, dans sa longue carrière, d'avoir
fait des trouvailles et d'avoir possédé des trésors, mais des circonstances fâcheuses (des
faillites de librairie et le désastre de l'*Alliance
des arts*) le forcèrent deux fois, en 1839 et en
1856, à vendre sa bibliothèque, et en rappelant
cette phase douloureuse dans son testament, il

cite l'exemple d'un des plus grands philosophes
du XVIIIe siècle auquel pareil malheur était ar-
rivé et qui eut au moins une consolation. « Diderot, dit-il, n'a vendu qu'une fois sa bibliothèque, et l'impératrice Catherine, en l'achetant,
lui en a laissé la jouissance, sa vie durant. »

Le *Bibliophile Jacob* ne pouvait vivre qu'au
milieu des livres et ne pouvait être ainsi com-
plètement sevré de ses amis.

Sa nouvelle position de bibliothécaire à l'Arsenal, l'un des plus riches dépôts de la capitale,
lui permit de satisfaire son goût inné pour les
curiosités littéraires et les livres de fantaisie. A
partir de ce jour, il ne songea plus qu'à se procurer des livres de recherches et de renseigne-
ments, des instruments de travail, en un mot, à
l'aide desquels il pût composer des ouvrages
pour vulgariser les études bibliographiques et
mettre la science à portée de tous. Par scrupule,
il s'interdit d'acheter les raretés qui faisaient la
joie d'autres bibliomanes. Il les aimait toujours,
ces préférés, mais d'un amour platonique, se
contentant d'admirer les trésors du Marquis de
Paulmy. Comme la femme de César, il voulait
être à l'abri de tout soupçon.

Les livres qui vont être livrés au hasard des
enchères sont loin de représenter toute la bibliothèque de M. Paul Lacroix. Quelque temps avant

sa mort, il avait fait à la ville de Montpellier
(dont partie de sa famille était originaire)
une donation importante comprenant son in-
nombrable bagage littéraire, en exemplaires de
choix. Une autre bibliothèque publique a été
l'objet d'un don non moins généreux ; enfin,
divers legs qui restent encore à prélever ont de
beaucoup diminué la masse imposante dont se
composait sa dernière collection.

La disposition des locaux dans lesquels ces
livres se trouvaient accumulés, et la précipita-
tion avec laquelle leur enlèvement a dû s'effec-
tuer, ont rendu impossible la vente en une seule
fois de cette bibliothèque qui eût ainsi conservé
plus d'homogénéité.

Le temps relativement trop restreint dans
lequel nous avons dû dresser ce Catalogue ne
nous a pas permis d'entrer dans des détails et
de signaler, selon notre habitude, l'intérêt que
présentent certains articles. Les bibliophiles
intelligents sauront bien faire leur police eux-
mêmes et découvrir les livres dignes de leur
attention.

Afin de faciliter la tâche du lecteur, nous avons
pris soin de grouper par séries les livres de
même nature au lieu de les disperser à leur
lettre alphabétique. Il nous a fallu céder le
pas aux exigences de la situation ; nous n'avons

pu faire qu'un inventaire au lieu d'un catalogue détaillé, comme nous l'aurions voulu et comme le réclamait un nom aussi universellement répandu que celui de Paul Lacroix, le littérateur aimé et regretté de tous.

Vivitur ingenio, cœtera mortis erunt.

A. CLAUDIN.

P. S. — Par suite de la rapidité avec laquelle ce catalogue a été imprimé, nous n'avons pu corriger nous-même toutes les épreuves de ce catalogue. Il s'est ainsi glissé quelques erreurs, principalement dans les noms propres. On a imprimé *Félix Pageorry;* au lieu de *Félix Pigeory; Goujot de Fère* au lieu de *Guyot de Fère; Jean Hogar* au lieu de *Jean Sbogar; l'abbaye des Couards* au lieu de *l'abbaye des Conards,* etc. — Le bon sens des lecteurs suffira pour rectifier ces fautes matérielles et involontaires.

A. C.

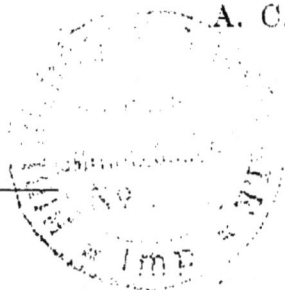

CATALOGUE

DES LIVRES

DE FEU M. PAUL LACROIX

(BIBLIOPHILE JACOB).

PREMIÈRE PARTIE

THÉOLOGIE

HISTOIRE DES RELIGIONS

1. — Sainte Bible, cont. l'Anc. et le Nouv. Testament, trad. en franç. par Le Maistre de Saci. *Paris,* 1759, in-fol., demi-rel. bas.

2. — L'histoire du Vieux et du Nouv. Testament représentée avec des figures et des explications édifiantes tirées des SS. PP. par le Sr de Royaumont. *Paris, P. Le Petit,* 1670, in-4, fig. à mi-page, bas. rac.

   Première édition de la Bible dite de Royaumont. — Exemplaire un peu fatigué.

3. — Le Livre des Pseaumes, ancienne traduction française publ. par Francisque Michel. *Paris,* 1876, in-4, cart.

4. — Notice sur un manuscrit de Lyon renfermant une version latine inédite de trois livres du Pentateuque, par Léop. Delisle. *Paris,* 1879, broch. in-fol., avec fac-simile.

5. — Biblia, Talmud y Evvangelia przez Rabine Eliasza Soloweyczyka. *Parys,* 1879, in-8, br. —

1

Xax. Kovezak Branicki. La porte de la pénitence, élégie historique par l'éminent rabbin Gabriel, fils de Josué, ouvrage imprimé à Amsterdam en 1651 par Emm. Berneviste, trad. de l'hébreu par le grand rabbin L. Wogue. *Paris*, 1879, in-8, br. — Ens. 2 vol.

6. — Choix de monuments primitifs de l'Eglise. *Orléans*, 1875. — Choix d'ouvrages mystiques avec notices littéraires, par J. A. C. Buchon. *Paris*, 1875. — Ens. 2 vol. gr. in-8, br.
   De la collection du *Panthéon littéraire*.

7. — Office de Pâques ou de la Résurrection, accompagné de la notation musicale et suivi d'hymnes et de séquences inédites, publ.pour la prem. fois d'après un Ms. du XIIe siècle de la Bibl. de Tours, par V. Luzarche. *Tours*, 1856, in-8, pap. teinté, br.
   Envoi d'auteur signé.

8. — Instruction du chrestien (par le cardinal de Richelieu). A *Paris, de l'imprimerie royale du Louvre*, 1642, in-fol., v. marbr., dent., tr. dor.
   Exemplaire aux armes d'un cardinal-évèque. — Le titre est doublé.

9. — Œuvres de Bossuet. *Paris, Didot*, 1870, 3 vol. gr. in-8, à 2 col., br.

10. — Œuvres de Fénelon, précéd. d'études sur sa vie, par Aimé Martin. *Paris, Didot*, 1870, 3 vol. gr. in-8, br.

11. — Œuvres de Massillon, évèque de Clermont. *Paris, Didot*, 1870, 2 vol. gr. in-8, br.

12. — Paroles d'un croyant, par Lamennais. *Paris*, (vers 1833), in-8, cart.
   Exemplaire d'épreuves, sans titre, avec les corrections de l'auteur.

13. — Choix de sermons et discours de Mgr Philarète, métropolitain de Moscou. *Paris*, 1866, 3 vol. in-8, br.

14. — Domenech. La prophétie de Daniel, philosophie de l'histoire jusqu'à la fin des temps. *Paris*, 1875, 2 vol. in-8, br.

15. — Dictionnaire des Ordres religieux ou histoire des Ordres monastiques, religieux et militaires et des congrégat. séculières, par le P. Hélyot, édit. rev. par les abbés Badiche et Tochon, publ. par Migne. *Paris*, 1863, 4 vol. gr. in-8, br.

16. — Sainte Lucie, vierge et martyre de Syracuse, par Beaugrand. *Paris*, 1882, in-8, br.

17. — Vie du Pape Grégoire-le-Grand, légende (en vers), publ. par Luzarche. *Tours*, 1857, in-12, br.

18. — Etudes sur les Réformateurs du xvie siècle, par Chauffour. *Paris*, 1853, 2 vol. in-12, br.

19. — La Réforme et les guerres de religion en Dauphiné (1560-1598), par J. Long. *Paris*, 1858, in-8, br.

20. — Mémoires inédits de Dumont de Bostaquet, gentilhomme normand, sur les temps qui ont précédé et suivi la Révocation de l'Edit de Nantes, sur le Refuge, etc., publ. par Ch. Read et F. Waddington. *Paris*, 1864, gr. in-8, br.

21. — Le Protestantisme en Normandie depuis la Révocation de l'Edit de Nantes (1685-1797), par Fr. Waddington. *Paris*, 1862, in-8, br.

22. — Les Livres sacrés de l'Orient, trad. par G. Pauthier. *Paris et Orléans*, 1875, gr. in-8 à 2 col., br.

De la collection du *Panthéon littéraire*.

JURISPRUDENCE

23. — Les Etablissements de saint Louis, avec introduct. et notes par P. Viollet. 1881-83, 3 vol. in-8, br.

24. — Institutions de l'ancienne France à l'avénement de Louis XI, par J. Paquet. *Paris*, 1860, in-8, br.

25. — Traité de la dissolution du mariage pour cause d'impuissance (par le président Bouhier.) *Luxembourg (Dijon)*, 1735, in-8, v.

Exemplaire de l'historien *Secousse*.

26. — Histoire des biens communaux en France, par Rivière. *Paris*, 1856, in-8, br.

27. — Les Chartes nouvelles du pays et comté de Haynnau. *Mons, veuve Lucas Rivius*, 1620, in-4, titre gravé, v. br.

SCIENCES ET ARTS

I. — PHILOSOPHIE. — GOUVERNEMENT. — SCIENCES DIVERSES

28. — Les Essais de Michel, seign. de Montaigne. *Amst., Ant. Michiels (Bruxelles. Foppens)*, 1659. 2 vol. pet. in-12, frontisp. gravé avec portr. de Montaigne, v. fauve, dent. à fr., tr. dor. (*Vogel*).

Edition recherchée, qui fait partie de la collection des Elsevier.

29. — Essais de Montaigne, avec notes. *Paris, Didot*, 1870, pet. in-8, br.

30. — La vie publique de Montaigne, par Grun. *Paris*, 1855, in-8, br.

31. — Maximes de La Rochefoucauld, premier texte imprimé à La Haye en 1664, publié par Pauly. *Paris*, 1883, pet. in-8, br.

32. — Œuvres de La Bruyère, avec notes par Servois. *Paris, Hachette*, 1865, 3 vol. in-8, avec portr., et fac-simile, br.

De la collection des *Grands Ecrivains de la France*.

33. — Le Père André, jésuite. Documents inédits pour servir à l'histoire philosophique du xviiie siècle, publ. par Charma et Mancel. *Paris*, 1857, 2 vol. in-8, br.

Envoi d'auteur signé.

34. — Assistance donnée à la multitude des pauvres accourus à Lyon en 1531, par De Vauzelles, publ.

avec notes par H. Baudrier. *Lyon, Perrin,* 1875, pet. in-8, cart.

Tiré à très petit nombre. — Exemplaire avec envoi signé de M. Baudrier.

35. — Origines de l'institution des intendants, par Hannoteaux. *Paris.* 1884. in-8, br.

36. — Li Livres dou Trésor. par Brunetto Latini, publ. par Chabaille. *Paris,* 1863. in-4, cart.

37. — Les inondations en France dep. le vi^e siècle jusqu'à nos jours. par Maur. Champion. *Paris,* 1858–1863. 6 vol. in-8, br.

38. — Expériences relatives aux météores, par Daubrée. *Paris,* 1868. in-8. dem.-rel. chagr. rouge.

39. — Stellarum duplicium et multiplicium mensuræ Micrometricæ per magnum Fraunhoferi tubum ab annis 1824 ad 1837 in specula Dorpatensi institutæ auctore R. G. M. Struve. *Petropoli,* 1837. in-fol.. br.

40. — Œuvres de Lavoisier. publiées par Dumas, de l'Institut. *Paris,* 1861–1868. 4 vol. in-4, cart.

41. — Œuvres complètes d'A. Fresnel. *Paris, impr. impér.,* 1866-1870, 3 vol. in-4, cart.

42. — Leonhardi Euleri commentationes arithmeticæ collectæ auspiciis Academiæ imper. Scientiar. Petropolitanæ. *Petropoli,* 1849. 2 vol. in-4, br.

43. — La géométrie pratique. par Mannessin-Mallet. *Paris,* 1702, 4 vol. gr. in-8, v. br.

Illustré d'environ 500 figures représentant les anciens châteaux, jardins et sites divers de la France, des vues des monuments de Paris, etc.

44. — Correspondance mathématique et physique de quelques célèbres géomètres du xviiie siècle, publ. par Fuss. *St-Pétersbourg,* 1845, 2 vol. in-8, br.

45. — Origines de l'artillerie française. Planches autographiées d'après les monuments du xive et du

xv⁰ siècle, avec introduct., table et texte descriptif
par L. Larchey. *Paris*, 1863, fascicule in-4 de texte
et atlas de 105 planches. in-4, br.

46. — Dictionnaire des sciences occultes, publ. **par**
l'abbé Migne. *Paris*, 1851. 2 vol. gr. in-8. br.

47. — Oracles de Nostradamus, édition *ne rarietur*
publ. par A. Le Pelletier. *Paris*, 1867, 2 vol. in-8,
br.

48. — Les hauts phénomènes de la magie, par Des
Mousseaux. *Paris*, 1864, in-8, br.

49. — Secrets magiques pour l'amour. d'après les
manuscrits de Paulmy. *Paris*, 1868, in-12, br.

II. — BEAUX-ARTS. — LIVRES A FIGURES
CURIOSITÉS. — COSTUMES

50. — Histoire des Arts du dessin depuis l'époque ro-
maine jusqu'à la fin du xvi⁰ siècle. par Rigollot.
Paris, 1864, 2 vol. in-8 et atlas, br.

51. — L'Artistaire. Livre des initiations aux Beaux-
Arts, par Paillot de Montabert. *Paris*, 1855. in-8,
br.

52. — Institutions de l'art chrétien pour l'intelligence
des sujets religieux. par Pascal. *Paris*, 1856. 2 vol.
in-8. br.

53. — L'art au xviii⁰ siècle. par Edmond et Jules de
Goncourt. *Paris*, 1873-1874, 2 vol. in-8, br.

54. — L'art russe, ses origines, ses éléments consti-
tutifs, son apogée, son avenir, par E. Viollet Le
Duc. *Paris, Morel*, 1877, gr. in-8, fig., br.
Envoi d'auteur signé.

55.— Bulletin de l'alliance des Arts, sous la direction
de MM. Paul Lacroix (bibliophile Jacob) et T.
Thoré. *Paris*, 1842–48, 6 vol. in 8, demi-rel. mar.
noir, non rognés.
Exemplaire bien complet.

56 — Revue des Beaux-Arts, tribune des artistes, publ. par Félix Pageorry. *Paris*, 1851-1859, 10 vol. gr. in-8, demi-rel.

57. — Revue universelle des Arts, publiée par M. Paul Lacroix (bibliophile Jacob). *Paris et Bruxelles*, 1855-66, 23 vol. gr. in-8, dont les 22 premiers en demi-rel. vél. bl., non rog., et le 23ᵉ et dernier br.
    Collection très estimée.

58. — Dictionnaire raisonné de l'architecture française du xiᵉ au xviᵉ siècle, par Viollet-Leduc. *Paris*, 1854-68, 10 vol. gr. in-8, fig., br.

59. — Architecture monastique, par Lenoir. *Paris*, 1852–1856, 2 vol. in-4, cart. — Etude sur les monuments de l'architecture militaire des Croisés en Syrie et dans l'île de Chypre, par Rey. *Paris*, 1871, in-4, cart. — Ens. 3 vol.

60. — Le Palais Mazarin et les grandes habitations de ville et de campagne au xviiᵉ siècle, par le comte de Laborde. *Paris*, 1846, gr. in-8, fig. et plans, demi-rel. mar. v., doré en tête, non rogné.
    Bel exemplaire en GRAND PAPIER DE HOLLANDE. — Bien complet avec les notes. — Envoi d'auteur.

61. — Architectonographie des théâtres de Paris, par Donnet. *Paris*, 1857, in-8, br.

62. — Les grands édifices de Pise, avec 40 gravures, texte de Martini et notes par Lejeal. *Paris*, 1878, in-fol. max., dos et coins de mar. bleu, tête dor., non rog.

63. — La Sculpture en Europe, 1878, par Jouin. *Paris*, 1879, in-8, br.
    Envoi d'auteur signé.

63 *bis*. — Vie de Pigalle, sculpteur, par Tarbé. *Paris*, 1859, in-8, br.

64. — Hagioglypta sive picturæ et sculpturæ sacræ antiquiores præsertim quæ Romæ reperiuntur explicatæ a Joanne L'Heureux (Macerio). *Lutetiæ Parisior.*, 1856, gr. in-8, fig., br.

65. — Recherches sur la peinture en émail dans l'an-
tiquité et au moyen-âge, par Jules Labarte. *Paris.
Didron*, 1856. in-4. fig., br.
Envoi d'auteur signé.

66. — Emeric David. Histoire de la peinture au moyen-
âge. *Paris*, 1842. — Histoire de la sculpture française. *Paris*, 1853. — Vies des artistes. *Paris*, 1853.
— Histoire de la sculpture antique. *Paris*, 1853.
— Notices sur les chefs-d'œuvre de la peinture moderne. *Paris*, 1854. — Recherches sur l'art sta-
tuaire. *Paris*, 1863. — Ens. 6 vol. in-12. br.

67. — La peinture à l'huile, par P. Mérimée. *Paris*,
1830, in-8. br.
Envoi d'auteur signé.

68. — Les Femmes blondes, selon les peintres de l'É-
cole de Venise, par deux Vénitiens (Edm. et J. de
Goncourt). *Paris*, 1865, in-8. br.
Hommage signé « *d'un des Vénitiens.* »

69. — Essai sur les fresques de Raphaël au Vatican
(chambres et loges), par F.-A. Gruyer. *Paris,* 1859.
2 vol. in-8. br.

70. — Notizie intorno a Bernabo de Sanctis di Urbino
(1478), per A.-G. Spinelli. *Milano. s. d.*, pet. in-4.
br.

71. — Hilaire Pader, peintre et poète toulousain, par
De Chennevières. *Bruxelles*, 1861. in-8. br.

72. — Les Andelys et Nic. Poussin, par Candar. *Paris*,
1860, in-8. br.

73. — Rembrandt, sa vie, par Scheltema. *Paris*, 1866.
in-8, br.

74. — Sébastien Bourdin, sa vie et son œuvre, par
Ponsenailhe. *Paris*, 1883. pet. in-8, figures, br.
Envoi d'auteur signé.

75. — Catalogue de l'œuvre, peint. dessiné et gravé,
de Watteau, par De Goncourt. *Paris.* 1875. in-8. br.
Envoi d'auteur signé.

76. — Le tombeau de Watteau à Nogent-sur-Marne. notice. *Nogent*, 1865, in-8, br.

Envoi de M. Jules Cousin, secrétaire de la Commission.

77. — L'œuvre de Quentin De Latour au Musée de St-Quentin et les dern. années du peintre, d'après des documents inédits. Texte par A. Patoux, préface de P. Lacroix. eaux-fortes de Lalauze. *Paris*, 1882, in-fol. orné de 10 planches dans un portefeuille.

Tout ce qui a paru. — Envoi du graveur signé.

78. — Catalogue de l'œuvre de P. Prud'hon. par Ed. de Goncourt. *Paris*, 1874. in-8, br.

Envoi d'auteur signé.

79. — Joseph Vernet. sa vie. sa famille, par Lagrange. *Bruxelles*, 1858. in-8. br.

80. — Etude sur Georges Michel (peintre excentrique). par Alfr. Sensier. *Paris. Lemerre*. 1873, gr. in-8, portr. et fig., br.

81. — Histoire des peintres français au XIXᵉ siècle, par Ch. Blanc. Tome 1ᵉʳ (seul paru). *Paris*, 1845. in-8, br.

82. — Collection des livrets des Expositions de l'Académie royale de Peinture et de la Révolution, dep. 1673 jusqu'en 1800. avec la table rédigée par J.-J. Guiffrey. *Paris*, 1869-1873. en 43 fascic. in-12, br.

83. — Le Frondeur, dialogue sur le Salon. *S. l.*, 1785. in-8. br.

84. — Revue critique des productions exposées au Salon en 1824. par M***. *Paris*, 1825, in-8, br.

85. — Esquisses, croquis. pochades sur le Salon de 1827, par Jal. *Paris*, 1828, in-8, fig., br.

86. — Les Artistes contemporains, Salon de 1831, par Lenormant. *Paris*, 1833, 2 vol. in-8, br.

87. — Le Salon de 1833. par Laviron et Galbacio, vignettes de Johannot et Gigoux. *Paris*, 1833, in-8, br.

1.

88. — Le Salon de 1834, par Laviron. *Paris, Janet, s. d.*, in-8, vignettes, br.

89. — Salons de W. Burger, 1861-1868, avec préface de Thoré. *Paris,* 1870. — Salons de Thoré, avec préface de Burger. *Paris,* 1870. — Ensemble 3 vol. in-12, dos et coins en maroq. Lavall., tr. marbr.

90. — Essai sur la critique d'art, par Bougot. *Paris, s. d.*, in-8, br.
   Envoi d'auteur signé.

91. — Reflets de tableaux connus, par Radiguet. *Brest,* 1874. — Lettres parisiennes sur le Salon de 1876-1877. *Brest,* 1878. — Reflets de tableaux de 1878-1880. *Brest,* 1881. En 1 vol. in-12, dos et coins de mar. vert, tète dorée, tr. ébarb.

92. — Les Musées de province, par Clément de Ris. *Paris,* 1859-1861, 2 vol. in-8, br.

93. — Mémoires inédits sur la vie et les ouvrages des membres de l'Académie de peinture et de sculpture. *Paris,* 1854, 2 vol. in-8, br.

94. — Catalogue des tableaux, estampes et dessins de Gersaint. *Paris,* 1750, in-8, dérel. (*Prix*).

95. — Catalogue de 43 tableaux de maitres anciens, prov. de la collection du comte Koucheleff-Besborodko. *Paris,* 1869, gr. in-8, avec eaux-fortes, br.

96. — Catalogue de tableaux de la collection Suermond. *Paris,* 1877, in-4 avec 3 eaux-fortes, br.

97. — Les Manuscrits à miniatures de la Bibliothèque de Laon étudiés au point de vue de leur illustration, par Fleury. *Laon,* 1863. — Les manuscrits à miniatures de la Bibliothèque de Soissons, par Fleury. *Laon,* 1865, 2 vol. gr. in-4, fig., br.

98. — Discours historiques sur la gravure (par Emeric David). 1808, in-8, br.

99. — Histoire de l'origine et des progrès de la gravure dans les Pays-Bas et en Allemagne jusqu'à la

fin du xve siècle, par Jules Renouvier. *Bruxelles*, 1860, in-8, br.

100. — Histoire artistique et archéologique de la gravure en France, par Alfr. Bonnardot, Parisien. *Paris*, 1849, in-8, br.
   Exemplaire en GRAND PAPIER DE HOLLANDE. — Envoi d'auteur signé.

101. — De la collection Migne. 2 vol. gr. in–8, br.
   Dictionnaire iconographique par Guénebault. *Paris*, 1850. 1 vol. — Dictionnaire des Musées. *Paris*, 1853. 1 vol.

102. — Essai bibliographique sur le Speculum humanæ Salvationis indiquant le passage de la Xylographie à la Typographie, par J. Ph. Berjeau. *Londres*, 1862. Pet. in-4, cart. en toile, non rogné.

103. — Légendes de St-Servais, par Ch. Ruellens. — Documents iconographiques tirés de la Bibliothèque Roy. de Belgique. *Bruxelles*, 1877. 1 fascic. in-fol. avec fig., br.

104. — Notice sur les estampes gravées par Raimondi d'après J. Romain, accompagnées des sonnets de l'Arétin. *Bruxelles*, 1865, in-12, br.

105. — Catalogue de l'œuvre gravé de Van Ostade, par Faucheux. *Paris.*, 1862, in-8, br.
   Envoi d'auteur signé.

106. — Catalogue de l'œuvre d'Abraham Bosse, par Georges Duplessis. *Bruxelles*, 1859, in-8, br.

107. — Recherches sur la vie et les ouvrages de Jacq. Callot par Ed. Meaume. *Paris*, 1860, 2 vol. in-8, br.
   Envoi d'auteur signé.

108. — Catalogue raisonné de toutes les estampes qui forment l'œuvre d'Israël Silvestre, par L. E. Faucheux, *Paris*, 1857, in-8, br.

109. — Catalogue raisonné de l'œuvre de Claude Mellan d'Abbeville, par A. de Montaiglon. *Abbeville*, 1856, in-8, br.

110. — Les Artistes français du xviiie siècle oubliés

ou dédaignés. par E. Bellier de la Chavignerie. *Paris*, 1865, in–8, br.

111. — Les dessinateurs d'illustrations au xviii siècle, par le baron Portalis. *Paris*, 1877, 2 vol. in–8, br.

112. — Les graveurs du dix-huitième siècle, par le baron Portalis et H. Béraldi. *Paris*, 1880-1882, 3 vol. in–8, br.
Exemplaire en PAPIER DE HOLLANDE.

113. — Catalogue raisonné de l'œuvre d'August. de Saint-Aubin. par Emm. Bocher. *Paris*, 1879, in–4, pap. vergé, br.

114. — Charlet. Sa vie, ses lettres, par De la Combe. *Paris*, 1856, in–8, br.

115. — Gavarni. l'homme et l'œuvre. par Edm. et Jules de Goncourt. *Paris, Charpentier*, 1879. in–12, br.
Exemplaire en PAPIER DE HOLLANDE n° 3. avec envoi autographe d'auteur signé.

116. — Manuel de l'amateur d'estampes, par Leblanc. *Paris*, 1854-1857, 9 fascicules in–8, br. (A à PEN.)
Tout ce qui a paru.

117. — Manuel de l'amateur d'illustrations, par Sieurin. *Paris*, 1875. in–8. br.

118. — Catalogue raisonné des estampes et dessins du cabinet Hazard, par Sas. *Bruxelles*, 1789, in–12, br.

119. — Catalogue des estampes anciennes formant la collection Delbecq, de Gand. *Paris*, 1847. in–8, fig., dem.-rel. mar. viol., non rogné.

120. — Catalogues de ventes d'estampes. *Paris*, 1843-1873, 17 vol. in–8, cartonnés.
Recueil factice formé par M. Paul Lacroix. — Ventes Piot, Lacombe, Gavard, Comberousse, Duchesne, Walferdin, etc. — Chaque volume contient souvent plusieurs catalogues.

121. — L'Alphabet de la mort d'Holbein, publié par A. de Montaiglon. *Paris*, 1856, in–8, cart.

122. — La grande danse macabre des hommes et des femmes. *Troyes, J. A. Garnier, s. d.,* in-4. fig. s. bois, dem.-rel. mar. gren.

123. — Fables choisies, tirées des Métamorphoses d'Ovide, gravures de Bernard Picart et d'après Lebrun, texte par René Ménard. *Paris, A. Lévy,* 1878. 2 vol. in-4, fig., dem.-rel. mar. rouge, dor. en tête, non rogn.

124. — Le Temple de Gnide. suivi de Céphise et l'Amour, par Montesquieu, avec figures dessinées par Eisen. reproduites par Gillot, avec préface du bibliophile Jacob. *Paris. Wilhem,* 1880, in-8, br.

125. — Galerie du Palais-Royal, gravée d'après les tableaux des différentes écoles, par Couché. *Paris,* 1786, gr. in-folio dem.-rel. mar. n., tête dorée. non rogné.

126. — Les Toquades. illustrées par Gavarni. Etudes de mœurs. par Ch. de Bussy. *Paris, Martinon et Gabr. de Gonet, s. d.,* gr. in-8, fig., couvert. imprimée, br.

127. — Gavarni. Masques et Visages. *Paris,* 1857. in-8, br.

128. — L'œuvre de Gavarni, lithographies originales et essais d'eau-forte et de procédés nouveaux. Catalogue raisonné par J. Armelhaut (Mahérault) et E. Bocher. *Paris. Jouaust.* 1873. gr. in-8, fig., br.
  Envoi d'auteur.

129. — Les Français peints par eux-mêmes. types et portraits humoristiques à la plume et au crayon. *Paris,* 1877-78. 4 vol. gr. in-8, fig., br.

130. — Notice sur la collection des portraits de Marie Stuart apparten. au Prince Alex. Labanoff. *St-Pébourg,* 1860, gr. in-8, portr., br.
  Envoi signé du Prince Labanoff.

131. — Galerie des portraits des comédiens de la troupe de Molière, gravés à l'eau-forte, par Hillemacher. *Lyon,* 1869, in-8, br.

132. — La question du nouvel an. Conte illustré pour les enfants majeurs. Eaux-fortes, texte et dessin, par Martial (*Décembre* 1872), 8 pl. in-4, av. couverture illustrée.

Conte gravée, relatif à la présidence d'Ad. Thiers.

133. — Les collectionneurs de l'ancienne Rome. Notes d'un amateur (E. Bonaffé). *Paris*, 1867, pet. in-8, br.

Envoi d'auteur signé.

134. — Abecedario de P. J. Mariette et autres œuvres inédites de cet amateur sur les arts et les artistes, publ. par Ph. de Chennevières et A. de Montaiglon. *Paris*, 1853–62. 6 vol. in-8, br.

135. — Michel Bégon, intendant de La Rochelle. Correspondance et documents publiés par G. Duplessis. *Paris*, 1874, in-8, br.

Envoi d'auteur signé.

136. — Le cabinet du duc d'Aumont et les amateurs de son temps par le baron Ch. Davillier. *Paris*, 1870. In-8, fig., br.

137. — Les amateurs d'autrefois, par L. Clément de Ris. *Paris, Plon*, 1877, gr. in-8, br.

138. — La curiosité : collections françaises et étrangères, cabinets d'amateurs, par Clément de Ris. *Paris*, 1864, in-12, br. — Considérations sur le but des Beaux-Arts, par Couder. *Paris*, 1867, in-12, br. — Ens. 2 vol.

Envois d'auteur signés.

139. — Revue internationale de l'art et de la curiosité. *Paris*, 1869 *à août* 1870, 4 vol. gr. in-8, dem.-rel. vél. bl.

140. — Inventaire général des richesses d'art de la France. Paris : Monuments religieux, tome I. — Monuments civils, tome I. — Province, tome I. — Monuments divers. — *Paris*, 1877-1880, 4 vol. gr. in-8, br.

141. — Trésors d'arts de la Provence exposés à Marseille, par Chaumelin. *Marseille*, 1862, in-8, br.

> Envoi d'auteur signé.

142. — Catalogue du cabinet de St-Yves, par Regnault. *Paris*, 1805, in-8, br.

143. — Catalogues de tableaux, d'objets et d'ouvrages relatifs aux beaux-arts, 1823-1879, 6 vol. in-8, cart.

> Recueil factice. — Ventes Fech, Goddé, Lefèvre, Alquier, etc. — Chaque volume contient plusieurs catalogues.

144. — Promenade à travers deux siècles et quatorze salons, par L. Double. *Paris*, 1878, in-8, fig., cart.

145. — Catalogue des objets d'art, tableaux anciens, livres, composant la collection Double. *Paris*, 1881, in-4, pap. de Holl., avec eaux-fortes, br.

146. — Catalogue d'une collection de livres relatifs aux arts, réunie par J. Goddé, peintre. *Paris*, 1850, in-4, dem.-rel. vél. bl.

> Exemplaire en TRÈS GRAND PAPIER.

147. — Costumes anciens et modernes de Vecellio. *Paris*, 1860, 2 vol. in-8, figures, br.

148. — I Costume antico e moderno o storia del governo, della milizia, della religione, delle arti, scienze ed usanze di tutti i popoli antichi e moderni del Dottor Giulio Ferrario. *Firenze*, 1823-27, 34 vol. in-8, fig. de costumes coloriés, cart., non rognés.

149. — Monographie générale du costume, par Jacquemin. *Paris*, *s. d.*, 200 pl. en bistre. — Nouvelle série composée de 44 planches en bistre. — Le tout en un portefeuille in-fol.

150. — Histoire du costume en France, par Quicherat. *Paris*, 1875, gr. in-8, fig., br.

151. — Histoire des inaugurations des rois, empereurs et souverains. (Par Dom Bévy). *Paris*, 1776, in-8, fig. de costumes. v.

152. — Costumes du Directoire, tirés des Merveilleu-ses, 30 eaux-fortes de Guillaumot. *Paris*, 1875, gr. in-8, en feuilles.

III. — ARTS ET MÉTIERS. — MUSIQUE. — CHASSE GASTRONOMIE.

153. — Les ducs de Bourgogne, études sur les lettres. les arts et l'industrie pendant le xv° siècle et plus particulièrement dans les Pays-Bas et le duché de Bourgogne par le Cte de Laborde. (Preuves, seules parues). *Paris*, 1849-52, 3 forts vol. in-8. br.

154. — Athenæum, où Galerie française des produc-tions de tous les arts, ouvrage périodique publ. par Baltard. *Paris*, 1806, 2 vol. in-4, fig., v.

155. — De l'union des arts et de l'industrie (le passé et l'avenir) par le Cte de Laborde. *Paris, Impr. Impér.*, 1856, 2 vol. gr. in-8, br.
    Exemplaire en GRAND PAPIER VÉLIN. — Tiré à 100 exemplaires nu-mérotés. (N° 72.)

156. — Les terres émaillées de Palissy. Étude sur les travaux du maître et catalogue, par Tainturier. *Paris*, 1863, in-8, fig., br.

157. — Recherches sur les anciennes manufactures de porcelaine et de faïence (Alsace et Lorraine), par A. Tainturier. *Strasbourg*. 1867, in-8, fig., br.

158. — Les tapisseries Bruxelloises. Essai historique sur les tapisseries et les tapissiers de haute et basse lice de Bruxelles, par Alph. Wauters. *Bruxelles*, 1878, in-8, br.

158 *bis*.— Le salon de M. le Comte de La Béraudière; tapisseries d'après François Boucher. *Paris, s. d.*, gr. in-fol., pap. bleuté, impression en diverses cou-leurs, dans un cart. en perc. r.

159. — Histoire de la dentelle, par Mme Bury Palli-ser, trad. par la Comtesse de Clermont-Tonnerre. *Paris, Didot, s. d.*, gr. in-8. fig., br.

160. — Livre-journal de Lazare Duvaux, marchand bijoutier ordinaire du roi (1748-1758), précédé d'une étude sur le commerce des objets d'art au XVIIIe siècle. (publ. par Courajod.) *Paris*, 1873, 2 vol. in 8., pap. vergé, br.

Publié par la Société des Bibliophiles français.

161. — Chef-d'œuvre des arts industriels, par Philippe Burty, avec 200 grav. s. bois. *Paris*, *s. d.*, gr. in-8, br.

Céramique. — Verrerie et vitraux. — Emaux. — Métaux. — Orfèvrerie et bijouterie. — Tapisserie.

162. — Dictionnaire des origines, inventions et découvertes, par Noël. *Paris*, 1827, 2 vol. in-8, dem.-rel. v. v.

163. — Histoire des arquebusiers et canonniers à Gand, par Vanderhaegen. *Gand*, 1866, in-8, br.

Tiré à 25 exemplaires. Envoi d'auteur signé.

164. — L'art de la reliure en France, par Ed. Fournier. *Paris*, 1864, in-12, br.

165. — Etudes sur la reliure, par Gust. Brunet. *Bordeaux*, 1873, in-8, br.

166. — La reliure française commerciale et industrielle, dep. l'invention de l'imprimerie jusqu'à nos jours, par Marius Michel. *Paris*, 1881, gr. in-8, br.

167. — Essai sur l'art de restaurer les estampes et les livres. — Réparation des vieilles reliures, par Bernardot. *Paris*, 1858. — 2 vol. in-12, br.

168. — Origine des cartes à jouer : recherches nouvelles, par Merlin, accompagné de 74 planches. *Paris*, *s. d.*, in-4, fig., cart.

Envoi d'auteur signé.

169. — Etudes sur la musique grecque, le plain-chant et la tonalité moderne, par Alix Tiron. *Paris, Imprimerie Impériale*, 1866, gr. in-8, br.

Envoi d'auteur signé.

170.— Histoire de la musique dramatique en France.

par Gust. Chouquet. *Paris*, *Didot*, 1873, gr. in–8, br.

171. — Histoire de la musique et de la danse. Antiquité, par Delafage. *Paris*, 1844, 2 vol. in-8, br.

172. — L'entretien des musiciens par Gantez, maître de chapelle, publié d'après l'édition d'Auxerre de 1643, par Thoinan. *Paris*, 1878, in-12, br. — Curiosités musicales trouvées dans les œuvres de Mich. Coyssard, par Thoinan. *Paris*, 1866, in-12, br.

173. — Molière musicien, par Castil Blaze. *Paris*, 1852, 2 vol. in-8, br.

174. — La philosophie et la muse, dialogues sur la musique, par le Cte de Chambrun. *Paris*, 1884, in-8, br.
Envoi d'auteur signé.

175. — Ballets et mascarades de cour de Henri III à Louis XIV, rec. et publiés par P. Lacroix. *Genève, Gay*, 1868-1870, 6 vol. pet. in-12, br.

176. — Biblioteca Venatoria de Gutierrez de la Vega. Coleccion de obras classicas espanolas de monteria, de cetreria, y de caza menor, raras, ineditas o desconocidas. *Madrid*, 1877-79, 3 vol. in-12, pap. vergé, br.
Envoi de l'éditeur.

177. — Cabinet de Vénerie, publ. par E. Jullien et P. Lacroix. *Paris*, 1880-1882, 4 vol. pet. in-12, br.
Passe-temps des chiens et des oiseaux, par Salel. — Antagonisme du chien et du lièvre, par J. Du Bec. — La chasse aux loups, par de Clamorgan. — Le bon varlet des chiens.

178. — The Chronicle of the compleat angler of Isaak Walton aud Charles Cotton being a bibliographical accord of its various phases and mutations, by Thomas Westwood. *London*, 1864, pet. in-4, dem.-rel. mar. viol., non rogné.

179. — A new Bibliotheca Piscatoria or general catalogue of angling and fishing literature with biblio-

graphical notes by T. Westwood. *London*, 1861, in-12, cart. toile verte.

Tiré à petit nombre. — Envoi d'auteur.

180. — Histoire des hôtelleries, cabarets, courtilles et des anciennes communautés et confréries d'hôteliers, de taverniers, de marchands de vins, etc.. par Francisque Michel et Ed. Fournier. *Paris*, 1854. 2 vol. gr. in-8, et atlas de planches, br.

181. — Le Gastronome, journal universel du goût, rédigé par une société d'hommes de bouche et d'hommes de lettres. *Paris*, 1830-31, 2 vol. pet. in-fol. format d'agenda, vignette gravée sur bois par Poret, cart.

Collection complète de ce curieux journal, consacré à la bonne chère. On y trouve tout l'historique et l'archéologie de la table, des proverbes et des aphorismes, des anecdotes gourmandes, etc... On remarque dans le premier volume des pièces de vers signées de Casimir Delavigne, Béranger, Eugène et Victor Hugo, etc., etc.

BELLES-LETTRES

I. — RHÉTORIQUE. — LINGUISTIQUE.

182. — Oraison funèbre du grand Condé, par Bossuet, édition publ. par E. Bocher. *Paris*, 1879, in-4, fig. et culs-de-lampe en taille-douce, pap. de Holl., br.

Superbe édition, tirée à petit nombre et dédiée au duc d'Aumale.

183. — Recueil des factums de Furetière, suivi de pièces historiques, avec notes par Asselineau. *Paris*, 1859, 2 vol. in-12, br.

184. — Glossarium eroticum linguæ latinæ auctore P. P. (Pierrugues). *Parisiis*, 1826, gr. in-8, pap. vélin, dem.-rel. mar. br., ébarbé.

185. — Glossarium ad scriptores mediæ et infimæ Latinitatis, auctore Car. Du Fresne domino Du Cange. *Parisiis*, 1733-38, 6 vol. in-fol., v. marbr.

186. — Lexique Roman ou dictionnaire de la langue des Troubadours comparée avec les autres langues

de l'Europe latine. par Raynouard. *Paris. Silvestre*. 1844. 6 vol. gr. in-8. dem.-rel., dos et coins de
mar. rouge, dor. en tête, non rognés.
Bel exemplaire.

187. — Publications de la Société des anciens textes
français. *Paris*, 1875-1882. 25 vol. gr. in-8. rel. percal. non rognés et album in-fol. cart.

Chansons françaises du xvᵉ siècle avec musique transcrite en notation
moderne, par A. Gevaert. — Les plus anciens monuments de la langue
française. Album de 9 planches in-fol. — Brun de la Montaigne, roman
d'aventure. 1 vol. — Miracles de Nostre Dame par personnages, tomes
1 à 6. — Guillaume de Palerne, 1 vol. — Deux rédactions du roman des
Sept Sages de Rome, 1 vol. — Aiol, chanson de geste, 1 vol. — Le
débat des hérauts de France, 1 vol. — Œuvres complètes d'Eustache
Deschamps, tomes 1 à 3. — Le saint voyage de Jherusalem du seigneur
d'Anglure, 1 vol. — Chronique du Mont Saint-Michel, tome 1ᵉʳ. —
Elie de St-Gille, chanson de geste, 1 vol. — Daurel et Beton, chanson de geste, 1 vol. — La vie de St-Gilles, poëme, 1 vol. — Raoul de
Cambrai, chanson de geste, 1 vol. — Le Mistère du vieil Testament.
tomes 1 à 4.

188. — Les joyeuses recherches de la langue Tolo-
saine, par Claude Odde de Triors. *Paris*. 1847, in-8,
br.

189. — L'exclaircissement de la langue française, par
Jehan Palsgrave, publ. par Génin. *Paris*, 1852. in-
4, cart.

190. — Dictionnaire d'étymologie française, par Scheler. *Paris*, 1882, in-8, br.
Envoi d'auteur signé.

191. — Lexique comparé de la langue de Molière, par
Génin. *Paris*, 1846, in-8, br.

192. — Dictionnaire universel franç. et lat., vulgaire-
ment appelé dictionnaire de Trévoux. *Paris*, 1771,
8 vol. in-fol., v. marbr.

193. — Dictionnaire de l'Académie française. *Paris*,
Didot, 1878, 2 vol. in-4, dem.-rel. mar. n., plats en
toile.

194. — Dictionnaire de la langue française, par Littré.
Paris. 1863-69, 4 vol. in-4, dem.-rel. mar. n.

195. — Lorédan Larcher. – Les excentricités du langage. *Paris*, 1862. — Dictionnaire des noms concern. la recherche étymologique de 20,000 noms relevés sur les annuaires de Paris. *Paris*, 1880. — Ens. 2 vol. in-12, br.

196. — Dictionnaire historique d'argot, par **Lorédan Larcher**. *Paris*, 1878, in-12, br.
Envoi d'auteur signé.

197. — **Alfr. Delvau**. — Dictionn. de la langue verte. Argots parisiens comparés. *Paris*, 1867, in-12, pap. de Holl., br.
Envoi autographe signé d'*Alfr. Delvau*.

II. — POÉSIE.

198. — Œuvres d'Horace : traduction en vers, par le Comte Siméon. *Paris, Jouaust*, 1873-1874, 3 vol. in-8, pap. vergé, fig. et vignettes de Chauvet, br.

199. — Illustrations d'Horace, par Chauvet, pour la traduction du Comte Siméon, publ. chez Jouaust. — Tirage à part des vignettes, culs-de-lampe, etc. — Environ 180 pièces sur papier de Hollande, en feuilles.

200. — Horace. Poésies champêtres, trad. en vers par Ed. de Linge, avec préface par **Alfr. Michiels**. *Bruxelles*, 1872, in-12, br.
Envoi d'auteur à « *M. Paul Lacroix, le savant et spirituel bibliophile, universellement goûté...* »

201. — Erasmi Silva Carminum antehac nunquam impressorum Gonda, 1513, reproduct. photo-lithographique avec notice sur la jeunesse et les travaux d'Erasme, par Ch. Ruelens. *Bruxelles*, 1864, pet. in-4, pap. de Holl., br.

202. — Historia bravissima Caroli quinti imperatoris. *Paris.*, 1866, pet. in-8, br.
Réimpression de la Macaronée de Germain, poète provençal, sur la déconvenue de Charles-Quint, en Provence.

203. — Notices pour servir à l'histoire littéraire des Troubadours, par T.-B. Eméric-David. *Paris, Didot,* 1837, in-4, br.

204. — Adam, drame Anglo-Normand du XIIe siècle, publ. pour la prem. fois d'après un ms. de la biblioth. de Tours, par V. Luzarche. *Tours,* 1855, in-8, pap. de Holl., br.

205. — De la Collection des Anciens Poètes de la France, publ. par Franck et Wieveg. 1859-70, 10 vol. in-16, cart. en perc. br., non rognés.

> Gui de Bourgogne.— Otinel.— Floovant. — Doon de Mayence.— Gaufrey.— Fierabras.— Parise la Duchesse.— Macaire. — Aliscans. — Aye d'Avignon. — Gui de Nanteuil. — Hugues Capet. — Gaydon. — Huon de Bordeaux.

206. — Poésies de Charles d'Orléans, publiées par Guichard. *Paris,* 1842, in-12, br.

207. — La vie de la Vierge Marie, de Maitre Wace, publ. (par V. Luzarche), d'après un ms. inconnu aux prem. éditeurs, suivi de la vie de saint George, poème inédit du même trouvère. *Tours,* 1859, in-12, pap. de Holl., br.

208. — Recueil général et complet des Fabliaux des XIIIe et XIVe siècles, imprimés ou inédits, par De Montaiglon. *Paris,* 1872-1883, 5 vol. pet. in-8, br.

209. — Poètes et trouvères du moyen âge, publiés par l'Académie de Belgique. *Bruxelles,* 1866-1877, 8 vol. gr. in-8, br.

> Li Roumans de Cléomades, par Adenès li rois. 2 vol. — Dits de Watriquet de Couvin. — Bueves de Commarchis, par Adenès. — Les Enfances Ogier. — Li Roumans de Berte aux grans piés. — Trouvères belges du XIIe au XIVe siècles. — Li Bastars de Buillon, poème du XIVe siècle.

210.— Le Bestiaire d'amour, par Richard de Fournival, publ. par Hippeau. *Paris,* 1860, in-8, br.

211. — L'An des Sept Dames, avec annotations et remarques par C. Ruelens et Aug. Scheler. *Bruxelles,* 1867, pet. in-8, pap. de Holl., br.

212. — Chants historiques et populaires du temps de Charles VII et de Louis XI, publ. par Leroux de Lincy. *Paris*, 1857, pet. in–8, cart.

213. — Le Livre de Mathéolus, poème français du XIVe siècle, par J. Lefebvre. *Bruxelles*, 1846, pet. in–12, br., en 2 parties.
Exemplaire sur PAPIER DE CHINE.

214. — Œuvres complètes de Fr. Villon, nouv. édition avec des notes historiques et littéraires par P. Jacob. *Paris, Janet*, 1854, in–16, br.
Exemplaire sur PAPIER DE CHINE.

215. — Le banquet du boys, nouveau texte publié par A. de Montaiglon et J. de Rothschild. *Paris,* 1875, broch. in–12.

216. — Complainte et régime de Françoys Garin. *Paris*, 1822, pet. in–4, br.
Réimpression faite par les soins de M. Durand de Lançon d'un opuscule gothique de toute rareté, imprimé à Lyon en 1495.

217. — Poème inédit de J. Marot, publié par G. Guiffrey. *Paris*, 1860, in–8, br.

218. — Œuvres de Clément Marot (publ. par Lenglet-Dufresnoy). *La Haye,* 1731, 6 vol. pet. in–12, v.

218 *bis*. — Fortune et adversitez de Jehan Regnier, avec notice par P. Lacroix. *Genève*, 1867, pet. in–12, br.
Exemplaire sur PAPIER DE CHINE.

219. — Le Triomphe de dame V. et le pourpoint fermant à boutons. Nouv. édition complète avec préface et glossaire par De Montaiglon, avec fac-simile des bois. *Paris, Willem*, 1874, in–8, br.
Envoi d'éditeur.

220. — Les Blasons domestiques, par Corrozet. *Paris*, 1865, in–16, fig. s. bois, pap. de Holl., br.
Publication de la Société des Bibliophiles français.

221. — La fleur de la poésie françoyse, recueil joyeulx, 1543. *Bruxelles*, 1864, pet. in–12, br.
Exemplaire sur PAPIER DE CHINE.

222. — Recueil des plaisants devis du seigneur de la Coquille (publiés par Montfalcon). *Lyon, Perrin,* 1857, in-12, br.

223. — Olivier de Magny. — Les Gayetez, réimpression de l'édition de 1554, donnée par Blanchemain. *Turin, Gay,* 1870. — Les Soupirs, réimpression de l'édition de 1559. *Turin.* 1870. — Les Amours, réimpression de l'édition de 1553, publ. par Blanchemain. *Turin,* 1870. — Ens. 3 vol. pet. in-8, br.

224. — Chansons de P. de Ronsard, Ph. Desportes et autres, mises en musique par N. de la Grotte, valet de chambre et organiste du Roy, Paris, 1575, publ. par A. de Rochambeau. *Paris,* 1873, in-8 obl., br.

225. — Œuvres choisies de Ronsard, avec notices par le bibliophile Jacob. *Paris,* 1841, in-12, br.

226. — La famille de Ronsart, recherches généalogiques, historiques et littéraires sur P. de Ronsart et sa famille, par Ach. de Rochambeau. *Paris,* 1868, in-8, br.

Exemplaire en grand papier de Hollande. — Envoi d'auteur signé.

226 *bis.* — Œuvres de J. Bus, poète bordelais, publ. d'après l'unique exemplaire par Tamizey de La Roque. *Paris,* 1875, in-8, br.

Envoi de M. Tamizey de La Roque.

227. — Le Légat de la vache à Colas, de Sédège ; complainte huguenote du xviᵉ siècle, publiée par E. Vasse. *Paris,* 1868, in-18, br.

228. — Le Plaisir des Champs, poème en quatre parties selon les quatre saisons de l'année, par Cl. Gauchet, aumônier des Rois Charles IX, Henri III et Henri IV, édit. nouvelle, d'après le texte original de 1583, introduct. et notes par Ern. Jullien. *Paris, Didot,* 1879, 2 vol. in-4, br.

Envoi signé de l'éditeur.

229. — Tableau historique de la poésie française au xviᵉ siècle, par Sᵗᵉ Beuve. *Paris,* 1828. — Œuvres

choisies de Ronsard, avec commentaires par
Ste Beuve. *Paris*, 1828. — Ens. 2 vol. in-8, br.

230. — Les Poètes Français, publ. par A. Crépet.
Paris, 1861-63, 4 vol. gr. in-8, br.

231. — Œuvres de Malherbe, avec notes de L. Lalanne. *Paris, Hachette*, 1869, 5 vol. in-8, et album
de portr. et fac-simile, br.

De la collection des *Grands Écrivains de la France.*

232. — Les satires bastardes et autres œuvres de Ca-
det Angoulevent, 1615. *Quimper-Corentin (Bruxelles)*, 1875, pet. in-12, br.

Exemplaire sur PAPIER DE CHINE.

233. — Les muses gaillardes, recueillies des beaux
esprits de ce temps. 1609. *Bruxelles*, 1864, pet. in-
12, br.

Exemplaire sur PAPIER DE CHINE.

234. — Œuvres poétiques de Jacq. de Champs-Repus,
gentilhomme bas-normand, publ. et annot. par
Marigues de Champs-Repus. *Paris*, 1864, in-12,
br.

Envoi signé.

235. — Agrippa d'Aubigné. Les Tragiques, édition
publiée d'après le manuscrit, par Read. *Paris*,
1872, in-8, br.

Envoi de l'éditeur.

236. — L'Occasion perdue recouverte, par P. Corneille. *Paris*, 1862, in-8, br.

237. — Poètes des ruelles au xviie siècle, publ. par
Oct. Uzanne. *Paris, Jouaust*, 1875-1878, 4 vol. pet.
in-8, br.

La guirlande de Julie. — Poésies de Sarrazin. — Benserade. — Poésies de Montreuil.

238. — Œuvres poétiques de Fr. de Maynard, réim-
primées sur l'édition de Paris, 1646, enrichies de
variantes, par P. Blanchemain. *Paris*, 1864, 2 vol.
pet. in-12, br.

Exemplaire sur PAPIER DE CHINE.

239. — Rymaille sur les bibliothèques de Paris en 1649, avec des notes, par De La Fizelière. *Paris*, 1869, in-8, br.

240. — Les Continuateurs de Loret. Lettres en vers de La Gravette de Mayolas, Robinet, Boursault, Perdon de Subligny, Laurent et autres (1665-1689), rec. et publ. par le baron James de Rotschild. *Paris*, 1881, 2 vol. gr. in-8, à 2 col., pap. vergé, br.

241. — Fables de J. de La Fontaine, avec notices et notes par Alph. Pauly. *Paris, Lemerre*, 1868, 2 vol. in-16, pap. vergé, br.

242. — Fables de Lafontaine, réimprim. sur l'édition de 1678-1694, précéd. de recherches sur les Fables de La Fontaine, par Paul Lacroix. *Paris, Jouaust.* 1875, 2 vol. in-8, br., dans un cart.
Exemplaire offert au bibliophile Jacob par l'éditeur.

243. — Recueil de Maurepas, pièces, chansons, épigrammes et autres vers satiriques sur divers personnages des siècles de Louis XIV et Louis XV, publ. pour la prem. fois d'après un ms. de la bibliothèque. *Leyde*, 1865, 6 vol. pet. in-12, br.
Exemplaire sur papier de Chine.

244. — Nouveau siècle de Louis XIV, poésies-anecdotes du règne de ce prince (publ. par Santereau de Marsy). *Paris*, 1793, 4 vol. in-8, dem.-rel.

245. — Œuvres badines de l'abbé de Grécourt. *Bruxelles*, 1881. — Chansons badines de Collé. *Utrecht, s. d.*, — Œuvres badines de Rollé de Beauveset. *Bruxelles*, 1883. — Ens. 3 vol. in-12, pap. vergé, br.

246. — Œuvres de J.-B. Rousseau. *Londres*, 1723, 2 vol. in-4, v. fauve. (*Reliure ancienne*).

247. — Toutes les épigrammes de J.-B. Rousseau, publ. en partie pour la prem. fois. *Londres*, 1879. — Contes inédits de J.-B Rousseau, publ. pour la

prem. fois d'après un ms. de la collection Luzar-che. *Bruxelles*, 1881. — Ens. 2 vol. in-12, br.

248. — Anthologie satirique : répertoire des poésies et chansons joyeuses parues en français depuis Marot, publié par la Société des bibliophiles cosmopolites. *Luxembourg*, 1876-1878, 8 vol. pet. in-12, br.

249. — La Tentation de St Antoine. *Londres*, 1784, in-8, fig., br.

    Réimpression. — Exemplaire sur papier du Japon.

250. — Poésies d'André Chénier, édition critique publ. par Becq de Fouquières. *Paris, Charpentier*, 1862, gr. in-8, portr., br.

251. — Œuvres poétiques d'André de Chénier, avec notices de J. de Chénier. *Paris, Lemerre*, 1874, 3 vol. pet. in-12, br.

252. — Œuvres de Delille, avec notes de Choiseul, Gouffier, Aimé Martin, etc. *Paris, Didot*, 1863, gr. in-8, br.

253. — Jeanne d'Arc, poème en 24 chants, par Mme d'Abany. *Paris*, 1823, 2 vol. in-8, br.

254. — Poésies complètes de Sainte-Beuve. *Paris*, 1845, in-12, br.

    Envoi d'auteur signé.

255. — Joseph Delorme, nouvelle édition par Sainte-Beuve. *Paris, Poulet-Malassis*, 1861, in-8, br.

256. — Poésies romaines, par De St Félix. *Paris*, 1830, in-8, br.

257. — Pervenches, par Jules Lacroix. *Paris, Delaunay*, 1838, in-16, carré, br., couverture imprimée, non rogné.

    Rare. — Exemplaire sur papier de couleur, vert d'eau.

258. — Enosh, poème par G. De La Noue, avec notice par Mélanie Waldor. *Paris*, 1839, in-8, br.

    Envoi d'auteur signé.

259. — Les Boréales, par B. de G. *Paris*, 1839, in-8, br.

    Envoi d'auteur signé.

260. — Poésies de Madame Louise Colet. *Paris*,1842, gr. in-4, br.

Edition de grand luxe exécutée aux frais d'un admirateur de Mᵐᵉ Louise Colet. — Ce volume n'a été tiré qu'à 25 exemplaires.

261. — Les Ecrivains de la Mansarde. *Paris*, 1841, 2 vol. in-8, br.

262. — L'Apothéose de Napoléon, poème, par Thévenot de la Creuse. *Paris*, 1841, in-8, br.

Envoi d'auteur signé.

263. — Quelques fleurs pour une couronne, poésies nouvelles, par Hipp. Tampucci, ouvrier cordonnier. *Paris*, 1847, in-12, br.

Envoi autographe signé de l'auteur.

264. — Poésies anciennes et nouvelles, par Tampucci. *Paris*, 1853, in-8, br.

Envoi d'auteur signé.

265. — Nuits d'été, poésies, par De Flaux. *Paris*. 1850, in-8, br.

Envoi d'auteur signé.

266. — Sisyphe, iambes, par F. Girard. *Paris*. 1850, in-8, br.

Envoi d'auteur signé.

267. — Recueil factice de chansons populaires vendues sur la voie publique, formé par le bibliophile Jacob. — 11 vol. in-18, dem.-rel. vél. bl.

268. — Les Poèmes de l'Amour, par Renaud. *Paris*, 1860, in-12, br.

Envoi d'auteur signé.

269. — Louis de France (Louis XVIII), poème suivi de documents, par De Boisse. *Paris*, *Imprimerie Impér.*, 1861, in-8, br.

Envoi d'auteur signé.

270. — René Ponsard. Les Echos du bord. *Paris*, *Poulet-Malassis*, 1862, in-12, br.

Envoi d'auteur signé.

271. — Le Nouveau Parnasse satyrique. *Paris*, 1862, pet. in-12, br.

272. — La Muse pariétaire et la Muse foraine ou les chansons des rues depuis quinze ans, par C. N. (Ch. Nisard). — Appendice (par J. Choux). *Paris*, 1863-1864, 1 vol. in-8 et 1 fascicule in-8, br.

273. — Le Parnasse satyrique du dix-neuvième siècle, recueil de vers piquants. *Rome, s. d.*, 2 vol. pet. in-12, br.

274. — Le Nouveau Parnasse satyrique du xixe siècle. *Eleutheropolis*, 1866, in-18, pap. de Holl.,front. à l'eau-forte, br.

275. — Le chevalier Bayard, poème en IX chants, par Martin. *Francfort*, 1863, in-12, br.

276. — Monographie du sonnet. Sonnettistes anciens et modernes, par De Veyrères. *Paris*, 1869, 2 vol. in-12, br.

Envoi d'auteur signé.

277. — Chansons joyeuses du xixe siècle. *Yverdon*, 1866, 2 vol. pet. in-12, br.

278. — L'Arc et la Lyre, par Larivière. *Paris*, 1867, in-12, br.

Envoi d'auteur signé.

279. — Li Parpaioun Blu de William C. Bonaparte-Wyse en un avans-prepaus de Fred. Mistral. *Avignoun*, 1868, in-12, br.

Envoi d'auteur : *A mon illustre et vénérable ami Paul Lacroix (bibliophile Jacob).* « WILLIAM BONAPARTE-WYSE. »

280. — Arsène Houssaye. Les cent et un sonnets. *Paris*, 1875, pet. in-8, pap. vergé, br.

Envoi : « *A mon cher Paul Lacroix.* ARSÈNE HOUSSAYE. »

281. — Cahon. Les Vaincus. *Paris*, 1877, in-8, br.

Envoi d'auteur signé.

282. — Les Réveils, poésies, par L. Laurent Pichat. *Paris*, 1880, in-8, pap. vergé, br.

« *Au vieux maître romantique, à* PAUL LACROIX, *l'hommage vient bien tard, — mais d'un enthousiasme toujours jeune.* LAURENT PICHAT. »

283. — De Bornier. Poésies complètes. *Paris*, 1881, in-12, br.

> Envoi d'auteur signé.

284. — Rimes de Joie, par Hannon. *Bruxelles*, 1881, in-12, br.

285. — Marquise de Blocqueville. Roses de Noël. Pensées d'hiver. *Paris*, 1884, pet. in-18, br.

> Envoi d'auteur signé : « Au bibliophile Jacob, souvenir amical et reconnaissant d'une de ses admiratrices dévouées. »

286. — Scritti inediti di Francesco Petrarca publicati ed illustrati da Attilio Hortis. *Trieste*, 1874, gr. in-8, br.

> Envoi de l'éditeur.

287. — Le Tasse. Aminte, traduction du sieur De La Brosse, vignettes de Ranvier, gravées par Champollion. *Paris, Jouaust*, 1882, in-12, br.

288. — Poème du Cid, texte espagnol accompagné d'une traduction française, de notes, d'un vocabulaire et d'une introduction par Damas Hinard. *Paris*, 1858, in-4, br.

> Envoi autographe signé de M. D. Hinard : « *A mon cher vieux camarade Paul Lacroix, souvenir affectueux.* »

289. — Le Paradis perdu, poème en IV chants, par Milton, traduct. nouvelle par Pongerville. *Paris*, 1842, in-12, br.

> Envoi d'auteur.

290. — Les poètes illustres de la Pologne au XIXe siècle. *Paris et Nice*, 1876-80, 7 vol. in-12, br.

> J. Slowacki. — Sigism. Krasinski. — Adam Mickiewicz. — Ant. Malczewski. — Bohdan Zaleski. — Séverin Goszczynski. — Vinc. Pol. — Kornel Ujejski. — Etc.

III. — THÉÂTRE.

Art dramatique et Histoire du Théâtre. — Œuvres dramatiques.

291. — Essai sur la comédie de Ménandre, par Benoit. *Paris*, 1854, in-8, br.

292. — Pierre Gringore et les Comédiens Italiens, par Em. Picot. *Paris*, 1878, in-8, br.

> Envoi d'auteur signé.

293. — Les comédiens Italiens à la Cour de France, par Arm. Baschet. *Paris*, 1882.

> Envoi d'auteur signé.

294. — Le Théâtre français, par Chapuzeau, avec notes par G. Monval. *Paris*, 1876, pet. in-8, br.

295. — Notes sur la vie de Molière, par Bazin. *Paris*, 1851, in-12, br. — Molière, sa vie et ses œuvres, par Claretie. *Paris*, 1873, in-12, br.

> Envoi d'auteur signé. — Un portrait de Molière en Bretagne, par de Wismes. *Nantes, s. d.*, in-8, br.

296. — Recherches sur Molière et sur sa famille, par E. Soulié. *Paris*, 1863, in-8, br.

297. — Le Roman de Molière, suiv. de fragments sur sa vie, par Fournier. *Paris*, 1863, in-12, br.

> Envoi d'auteur signé.

298. — Les origines du théâtre de Lyon, par Brouchoud. *Lyon*, 1875, in-8, br.

> Envoi d'auteur signé. — Renseignements curieux sur la troupe de Molière à Lyon.

299. — Recherches sur le séjour de Molière dans l'Ouest, par B. Fillon. *Fontenay*, 1871.— La troupe de Molière à Agen, par Magen. *Paris*, 1874. — Ens. 2 broch. in-8.

300. — Les points obscurs de la vie de Molière, par J. Loiseleur. *Paris, Liseux*, 1877.

> Envoi d'auteur signé. — Les intrigues de Molière et celles de sa femme, réimpression conforme à l'édition sans date, publ. par Ch. L. Livet. *Paris, Liseux*, 1877. — De La Grange et de son registre. *Paris*, 1876. — Ens. 3 vol. in-8, br.

301. — Biographies et documents sur Molière. 5 vol. in-16, br.

> La vie de M. de Molière, par Grimarest, avec notice par Poulet Malassis. *Paris, Liseux*, 1877. — Molière jugé par ses contemporains, notice par P. Malassis. *Paris, Liseux*, 1877. — Les intrigues de Molière et celles de sa femme, réimpression par Ch. Livet. *Paris, Liseux*, 1876. — Molière, sa vie et ses œuvres, par J. Claretie. *Paris, Lemerre*,

s. d. (*Envoi d'auteur*). — Documents inédits sur Molière, découverts par Campardon. *Paris,* 1871.

302. — Elomire hypocondre, par Le Boulanger de Chalussay, réimprimé avec notice, par Livet. *Paris,* 1878, in-12, br.

Le médecin volant de Boursault, avec notice par le bibliophile Jacob. *Paris,* 1884, in-12, br. — L'instrument de Molière, traduct. du traité de *Clysteribus,* par Regnier de Graaf. 1668. *Paris,* 1878, in-8, br.

303. — Document sur le Malade imaginaire. Estat de la recette et despence, publiée par Ed. Thierry. *Paris,* 1880, in-8, br.

Envoi d'auteur signé.

304. — Etudes sur Molière. Le Tartufe, recherches nouvelles, par L. Lacour. *Paris,* 1877. — Un bisaïeul de Molière, recherches sur les Mazuël, par Thoinan. *Paris,* 1878, 2 vol. pet. in-12 elzév., br.

305. — Molière. Mélanges. 11 brochures in-8.

Découverte d'un autographe de Molière, par La Pijardière. *Montpellier,* 1873. — Molière et l'Opéra-Comique, par Pougin. *Paris,* 1882. — Interdiction de *Tartufe,* par Thierry. *Cherbourg,* 1874. — Le droit dans les œuvres de Molière, par Bardé. *Paris,* 1878. — Le médecin de Molière, par Chéreau. *Paris,* 1881. — Etc.

306. — Molière et sa troupe, par Soleirol. *Paris,* 1858, in-8, portraits, br.

307. — Molière, son théâtre et son ménage, par Noël. *Paris,* 1880, in-12, br.

Deuxième centenaire de la fondat. de la Comédie-Française. L'Impromptu de Versailles. — Le Bourgeois gentilhomme, précéd. d'une notice par Régnier et d'un à-propos en vers, par Coppée. *Paris, Jouaust,* 1880, in-12, br. — Les Comédiennes de Molière, par Arsène Houssaye. *Paris,* 1879. Pet. in-8, portr., br. (*Envoi d'auteur signé*).

308. — Molière et les Allemands, par Baluffe. *Paris,* 1884, broch. in-8. — Molière in Deutschland von Luidau. *Wien,* 1867, br. in-8. — Molière en Danemarck, of Sundby. *Kjobenhavn,* 1874, plaquette in-8. — Molière's Tartuffe von Mangold. *Oppeln,* 1881, in-8, br.

309. — Archives de la Comédie-Française. Registre de La Grange (1658-1685). *Paris,* 1876, in-4, br.

Exemplaire offert à M. Paul Lacroix par la Comédie Française. Signature autogr. de MM. *Em. Perrin,* administrateur, et *Got,* doyen.

310. — Iconographie Moliéresque, par Paul Lacroix (bibliophile Jacob). seconde édition. *Paris,* 1876. in-8, portr., br.

Exemplaire sur PAPIER WHATMANN.

311. — Dictionnaire historique et littéraire des théâtres, contenant l'origine des théâtres de Paris, par de Léris. *Paris,* 1863. — Bibliothèque des théâtres, contenant le catalogue des pièces, avec des anecdotes. *Paris,* 1733, pet. in-8, demi-rel.

312. — Histoire de Mademois. Cronel, dite Frétillon (actrice de la Comédie de Rouen). *La Haye,* 1739, in-12, dem.-rel. mar. r.

313. — Abrégé de l'Histoire du Théâtre françois dep. son origine. par De Mouy et d'Origny. *Paris,* 1780-1783, 4 vol. in-8, demi-rel.

314. — Le Censeur dramatique, journal des théâtres. rédigé par Grimod de la Reynière. *Paris,* 1797-1798, 3 vol. in-8. v.

315. — Le Coup de fouet. revue des théâtres. *Paris,* 1802, in-12, br.

316. — Le Camp-Volant. journal des spectacles. du nᵒ 1, 2 novembre 1818. au nᵒ 114, 16 décembre 1819. 1 vol. (*37 numéros divers manquent*). — Journal des Théâtres, de la Littérature et des Arts, du nᵒ 1, 1er janvier 1821, à fin novembre. 1 vol. 1822, janvier à décembre, 1 vol. 1823, du 9 janv. au 4 avril, 1 vol. (*50 numéros environ manquent dans ces 3 années*). — Courrier des Théâtres, de la Littérature, des Arts, des Modes, par Ch. Maurice, du 13 avril 1823 au 14 mai 1842. 19 vol. (*Quelques numéros manquent*). — Le Coureur des Spectacles, par Ch. Maurice, du 21 septembre 1842 au 31 déc. 1847. 6 vol. Plus un vol. pour divers nᵒˢ des années 1848 et 1849. — Ens. 30 vol. in-4, demi-rel. fauve.

Collection très difficile à réunir.

317. — Parallèle des théâtres de l'Europe et des ma-

chines théâtrales, par Coutant et Filippi. *Paris*,
s. d., 2 vol. in-fol. en portef.

La feuille 3 du texte manque ainsi que la planche 53 des théâtres et
les planches 9 et 10 des machines théâtrales.

318. — Dictionnaire universel du théâtre en France,
biographique et bibliographique. par Goizet. *Paris*,
s. d. (1868). in-8, demi-rel. vél. bl.

Ce volume renferme les lettres A — DE, tout ce qui a paru.

319. — Théâtre français du moyen-âge, publié d'après
les manuscrits, par De Montmerqué et Francisque
Michel. *Paris*, *Didot*, 1870. gr. in-8, br.

320. — Le Mistère du siége d'Orléans. publ. par Guessard et de Certain. *Paris*. 1862, in-4, cart.

321. — Choix de farces, sotties et moralités des xve
et xvie siècles, recueillies et publ. par Mabille.
Nice, 1875, 2 vol. pet. in-12, br.

322. — Nouveau recueil de farces françaises des xve
et xvie siècles, publ. par Picot et Myrop. *Paris*,
1880, pet. in-12, br.

323. — Maistre Pierre Patelin, édit. publ. par F.
Genin. *Paris*, 1854, gr. in-8, cart. en toile, ébarbé.

324. — Le Théâtre français avant la Renaissance
(1450-1550). mystères, moralités et farces, précéd.
d'une introduct. par Edouard Fournier. *Paris*.
Laplace, Sanchez, s. d. — Le Théâtre français du
xvie au xviiie siècle ou choix des comédies les plus
curieuses antérieures à Molière, avec introduct. et
notes par Ed. Fournier. *Paris*, *Laplace*, *Sanchez*,
s. d. — Ens. 2 vol. gr. in-8, fig.. br.

Envoi autographe signé d'Ed. Fournier, *à son maitre et ami Pau*
Lacroix.

325. — Tragédie nouvelle dicte le Petit Rasoir des
ornemens mondains, par Ph. Bosquier, Mons, 1589.
Bruxelles, 1863, pet. in-12, br.

Réimpression. — Exemplaire sur PAPIER DE CHINE.

326. — Pyrrhe, tragédie de Luc Percheron. du pays

du Maine (1592). *Paris, Crapelet,* 1845, in-12, pap. de Hollande, en feuilles.

Publiée par MM. Max de Clinchamp et R. de Montesson, et tiré à très petit nombre. — Envoi signé des deux éditeurs.

327. — La tragédie de Sainte-Agnès, par le Sʳ d'Aves. *Paris,* 1875, in-12, br.

Réimpression à petit nombre par les soins de M. Deschamps, bibliophile Rouennois.

328. — Théàtre complet de Th. Corneille, publ. par Ed. Thierry, biblioth. de l'Arsenal, édit. illustrée de dessins en couleur et de fac-simile de gravures du xviie siècle. *Paris, Laplace, Sanchez,* 1861, gr. in-8, br.

Envoi signé de M. Thierry à son collègue et ami P. Lacroix.

329. — Œuvres de P. Corneille, avec notes et un lexique par Marty-Laveaux. *Paris, Hachette,* 1862, 12 vol. in-8, avec un appendice et un album composé d'armoiries, de portraits, de vues et fac-simile, br.

De la collection des *Grands Ecrivains de la France.*

330. — Œuvres de Molière avec les notes de tous les commentateurs, publ. par Aimé Martin. *Paris, Didier,* 1845, 4 vol. in-12, demi-rel. mar. v.

331. — Œuvres complètes de Molière, édition ornée de portraits en pied coloriés, introduct. de Jules Janin. *Paris,* 1868, pet. in-8, demi-rel. mar. r.

332. — Œuvres complètes de Molière, avec 32 gravures d'après Moreau le jeune, édition variorum publ. par Ch. Louandre. *Paris,* 1869, 3 vol. in-12, fig., br.

333. — Œuvres de Molière, avec notes par E. Despois et P. Mesnard. *Paris, Hachette,* 1873-1881. 6 vol. in-8, br. (Tomes I à VI)

De la collection des *Grands Ecrivains de la France.*

334. — Théàtre complet de Molière, publié par Jouaust, préface par D. Nisard, dessins de Leloir, gravés par Flameng. *Paris, Jouaust,* 1876-1882, 8 vol. gr. in-8, pap. de Holl., br.

335. — The dramatic works of Molière rendesed into

english by H. Van Laun. *Edimburgh*, W. *Patterson*, 1875-76, 6 vol. gr, in-8, fig. par Lalauze, rel. en perc. angl., non rog.

Très belle édition des œuvres de Molière en anglais. Pour les illustrations on s'est adressé à un artiste français, Lalauze, qui a exécuté là une de ses meilleures productions. — Envoi signé du traducteur à M. Paul Lacroix.

336. — Les contemporains de Molière, recueil de comédies rares ou peu connues jouées de 1650 à 1680, avec l'histoire de chaque théâtre, par Fournel. *Paris*, 1863-1875, 3 vol. in-8, br.

337. — Myrtil et Mélicerte, pastorale héroïque (par Guérin, fils de la veuve de Molière), notice par Ed. Thierry, préface du bibliophile Jacob. *Paris, Jouaust*, 1882. — La Veuve à la mode, comédie de Donneau de Vizé, préface du bibliophile Jacob. *Paris, Jouaust*. 1881. — Ens. 2 vol. in-16, pap. de Holl., br.

338. — Œuvres de J. Racine, avec notes par P. Mesnard. *Paris, Hachette*, 1865-1873, 8 vol. in-8 avec album de portr. et fac-simile, br.

De la collection des *Grands Ecrivains de la France*.

339. — L'Oublieux, comédie, par Perrault (1691), publ. par H. Lucas. *Paris*, 1868, in-12, fig., br.

Envoi d'auteur signé.

340. — Œuvres complètes de Regnard, avec notes de Beugnot et de Beffara. *Paris*, 1854, 2 vol. gr. in-8, br.

341. — Marivaux. Théâtre complet, orné de 20 portraits en couleurs, par Bertall. *Paris*, 1878, gr. in-8, demi-rel. mar. r., tr. dor.

342. — Théâtre choisi de Marivaux, précédé de son éloge, par de Lescure. *Paris*, 1883, in-12, br.

Envoi signé.

343. — L'Antiquaire, comédie, 1751, précédée d'une étude sur les curieux au théâtre, par Davilliers. *Paris*, 1870. — L'amateur, comédie, par Barthe, avec

avant-propros par le baron Davilliers. *Paris*, 1870, in-12, br.

344. — Théâtre burlesque. 3 vol. pet. in-12, br.

Les deux biscuits, tragédie. *Astracan*, 1852. — Agathe ou la chaste princesse, tragédie, par Grandval. *Paris*, 1856. — Coquine, parodie de Zaïre. *Chio, s. d.*— Réimpressions.— Exemplaires sur PAPIER DE CHINE.

345. — Beaumarchais. Le Barbier de Séville. — Le mariage de Figaro. *Paris, Jouaust*, 1882, 2 vol. in-18, fig., br.

346. — Œuvres de Beaumarchais, avec notice par St-Marc Girardin. *Paris, Didot*, 1865, gr. in-8, br.

347. — Œuvres de Jules Lacroix. Théâtre. *Paris*, 1875, 3 vol. in-12, br.

348. — La Farce de maître Pathelin, préc. d'un prologue par Ed. Fournier. *Paris*, 1872, in-12, br.

Envoi d'auteur signé.

349. — Le Théâtre inédit du xixe siècle, recueil de pièces de divers auteurs, orné de 13 eaux-fortes. *Paris*, 1877, dem.-rel. mar. r.

350. — Les Deux Masques, tragédie-comédie, par Paul de Saint-Victor. *Paris*, 1882, in-8, br.

Exemplaire en GRAND PAPIER DE HOLLANDE.

351. — W. Shakespeare, par Clémence Robert. *Paris*, 1845, 2 vol. in-8, br.

352. — Wallenstein de Schiller, trad. en vers, par Braun. *Strasbourg*, 1864, gr. in-8, br.

Envoi d'auteur signé.

IV. — ROMANS ET FICTIONS EN PROSE.

353. — Longus, Daphnis et Chloé, gravures de Scott, notice par Pons. *Paris*, 1878, in-12, br.

354. — Les Romans de la Table Ronde, mis en nouveau langage par Paulin Paris. *Paris*, 1868-1872, 3 vol. in-8, br.

355. — Les Œuvres de François Rabelais, docteur en médecine, augment. de la vie de l'auteur, avec l'explication des mots difficiles. *S. l. (Hollande, à la Sphère)*, 1666, 2 tom. en 1 vol. pet. in-12, vél.

356. — Œuvres de Rabelais, publ. avec notes et variantes par A.-L. Sardou. *San-Remo et Turin*, 1874-76, 2 forts vol. pet. in-12, br.

357. — Les cinq livres de Rabelais, publ. avec variantes et glossaire, par Chéron, ornés d'eaux-fortes par Boilvin. *Paris, Jouaust*, 1876-1877, 5 vol. pet. in-12, br.

358. — Œuvres de Me François Rabelais, édit. collat. sur les textes originaux. *Paris, Delarue, s. d.*, 6 vol. in-12, br.

359. — Le Rabelais de poche, avec un dictionnaire pantagruélique tiré de Rabelais, par Noël. *Paris*, 1860, in-12, br.

360. — Le premier livre du Labyrinthe d'Amour, 1615. *Bruxelles*, 1863, pet. in-12, br.
Exemplaire sur PAPIER DE CHINE.

361. — Le Romant (*sic*) Comique (par Scarron). *Paris, G. de Luyne*, 1655-57, 2 vol. in-8, frontisp. gravé, mar. citr., fil., tr. dor. (*Hardy-Mesnil*).
EDITION ORIGINALE, très rare. — Bel exemplaire.

362. — Mémoires de Hollande : Histoire de Mme de La Fayette, publiée par Barbier. *Paris*, 1856, in-12, br.
Envoi *signé*.

363. — Le Zambi du Grand Pérou (par Blessebois). *Paris*, 1862, in-12, br.

364. — Les Amours de Catherine de Bourbon, sœur du Roi et du comte de Soissons, publ. par Mme Alice Hurtrel. *Paris*, 1882, in-18, eaux-fortes de Lalauze, br., dans un carton.

365. — Vénus dans le cloître, entretiens curieux. *Cologne, P. Marteau*, 1719 (*Genève*, 1866), pet. in-12.
Réimpression à 100 exemplaires. —Exemplaire sur PAPIER DE CHINE.

366. — Histoires françoises, galantes. *Amsterdam,* 1716, in-12. dem.-rel. mar. rouge.

367. — L'Académie militaire ou les héros subalternes (par Godart d'Aucourt). *Amsterdam,* 1727, 2 vol. in-12, dem.-rel. vél. bl.

368. — La Paysanne parvenue, par le chevalier de Mouhy. *La Haye.* 1737, 4 vol. in-12, dem.-rel. mar. r.

369. — Le Cousin de Mohamet (par Fougeret). *Leide,* 1742, 2 vol. in-12, fig., dem.-rel. mar. r.

370. — Tanzaï et Néadarné (par Crébillon fils). *Pékin,* 1743, 2 vol. in-12, fig., dem.-rel. mar. grenat.

371. — Les malheurs de l'amour. *Amsterdam,* 1745, 2 vol. in-12, v.

372. — Les plaisirs secrets d'Angélique. *Londres,* 1751, in-12, dem.-rel. toile lustrée.

373. — Jeannette seconde ou la nouvelle paysanne parvenue, par Gaillard (de la Bataille). *Amsterdam,* 1757, in-12, dem.-rel. mar. bl.

374. — Les illustres Françoises. histoires véritables (par Challes). *Amsterdam,* 1758, 4 vol. in-12, fig., dem.-rel. mar. n.

375. — Fanni ou l'heureux repentir. *Londres,* 1764, in-12, dem.-rel. mar. v.

376. — Les amusements des Dames de Bruxelles, par Chevrier, édition augmentée de la Clé des noms. *Bruxelles,* 1881, in-18, br.

Exemplaire sur papier jonquille.

377. — Les Bijoux indiscrets, par Diderot. nouv. édit. *Bruxelles,* 1881, 2 vol. in-12, fig. — Anecdotes piquantes de Bachaumont, Mainbert, etc., publ. avec notes par J. Gay. *Bruxelles,* 1881, 1 vol. in-12. — Ens. 3 vol., br.

378. — La Religieuse, par Diderot. *Paris,* 1798, in-12, dem.-rel. v. bl.

379. — Lucette ou les progrès du libertinage (attribué à Restif de la Bretonne). *Londres*, 1765, in-12, dem.-rel. vél. bl.

380. — Mémoires turcs (par Godart d'Aucour). *Amsterdam*, 1776, in-12, fig., dem.-rel. mar. bleu.

381. — Imirce, ou la fille de la nature (par Dulaurens). *Londres*, 1776, in-12, dem.-rel. mar. grenat.

382. — L'Elève de la nature (par Beaurieu). *Lille*, 1776, 2 vol. in-12, dem.-rel. mar. n., tr. dor.

383. — Le libertin devenu vertueux. *Paris*, 1777, 2 vol. in-12, dem.-rel. mar. Lavall.

384. — Les plaisirs de l'amour. *Londres*, *s. d.*, 2 vol. in-12, dem.-rel. mar. v.

385. — La vertu chancelante, vie de Mlle d'Amincourt. *Liége*, 1778, in-12, dem.-rel.

386. — Mémoires de Rigobert Zapata, par De Lignac. *Lille*, 1780, in-12, dem.-rel. mar. Lavall.

387. — L'Isle inconnue; mémoires du chevalier Des Gatines, par Grivel. *Paris*, 1784, 4 vol. in-12, dem.-rel. mar. r., tr. dor.

388. — Le Sylphe. *Paris*, 1784, in-12, dem.-rel. mar. noir.

389. — Aventures d'un voyageur aérien. *Londres*, 1785, in-12, dem.-rel. mar. n.

390. — Vie et amours d'un pauvre diable (par Baculard d'Arnaud). *Paris*, 1788, in-12, dem.-rel. vél. bl.

391. — Emma, ou l'enfant du malheur. *Paris*, 1788, 2 vol. in-12, dem.-rel. toile lustrée.

392. — Voyages du prince Amour. *Paris*, 1789, in-12, dem.-rel. mar. v.

393. — Le Crime; aventures de C. de Perlencour. *Paris*, 1789, 4 vol. in-12, dem.-rel. vél. bl.

394. — Monsieur Nicolas ou le cœur humain dévoilé, mémoires intimes de Restif de la Bretonne. *Paris, Liseux*, 1883, 14 vol. in-8, pap. de Holl., br.

395. — Ingénue Saxancourt ou la femme séparée (par Restif de la Bretonne). *Paris*, 1791, 3 vol. in-12, dem.-rel. vél. bl., tête dor., tr. éb.
> Un des plus rares et des plus curieux ouvrages de Restif. — Bel exemplaire.

396. — Le comte de S. Méran ou nouv. égarements du cœur et de l'esprit. *Paris*, 1796, 4 vol. in-8, dem.-rel. mar. r.

397. — Journal de Lolotte. *Francfort*, 1793, in-12, dem.-rel.

398. — Les victimes de l'amour et de l'inconstance. *Paris*, 1794, in-12, dem.-rel. mar. r.

399. — Alcibiade homme fait. *Paris, an III*, 2 vol. in-12, dem.-rel. mar. r.

400. — Aline et Valcour, ou le roman philosophique (par de Sade). *Paris*, 1795, 4 vol. in-12, fig., bas.

401. — Aline et Valcour ou le roman philosophique (par de Sade). *Bruxelles*, 1883, 4 vol. pet. in-8, fig., br.

402. — Idée sur les romans, par De Sade, avec documents inédits, par Uzanne. *Paris*, 1878, in-12, br.
> Envoi signé.

403. — Les amours du chevalier de Faublas, par Louvet. *Paris, Jouaust*, 1884, 5 vol. in-12, br.

404. — Les Amans réunis. *Paris, an VI*, in-12, dem.-rel. v. bl.

405. — Les Dangers de l'Intrigue, par De Lavallée. *Paris*, 1798, 4 vol. in-12, v.
> Exemplaire avec les épreuves des gravures AVANT LA LETTRE et les *dessins originaux au lavis.*

406. — Maria ou le malheur d'être femme, par Godevin. *Paris*, 1798, in-12, dem.-rel. vél. bl.

407. — L'Ile de Wight ou Charles et Angelina, par Walkenaër. *Paris*, 1798, 2 vol. in-12, dem.-rel. mar. n.

408. — Voyage et aventures de Frondeabus, par Henriquez. *Paris, an VII*, in-12, dem.-rel. mar. n.

409. — La forêt de Livry. *Paris, an VII*, in-12, dem.-rel. vél. bl.

410. — Le nouveau Faublas; aventures de Florbelle, par Mimault. *Paris, an VII*, 2 vol. in-12, dem.-rel. vél. bl.

411. — Le château d'Albert ou le squelette ambulant. *Paris, an VII*, 2 vol. in-12, dem.-rel. mar. Lavall.

412. — Les quatre aventures, par Le Suire. *Paris, an VII*, 4 vol. in-12. dem.-rel. mar. Lavall.

413. — Le Prêteur sur gages, par Rosny. *Paris, an VII*, in-12, dem.-rel.

414. — Romans galants des xviiie et xixe siècles. Réimpressions faites à Bruxelles par Gay et Doucé. 17 vol. in-12, br.

    Amélie de Saint-Far ou la fatale erreur. *Brux.*, 1882. — Les Nonnes galantes ou l'amour embéguiné, par le marquis d'Argens. *Brux.*, 1882.— L'Etourdi. *Bruxelles*. 1882. — Clémentine ou les caprices de la nature et de la fortune, par P. Cuisin. *Brux.*, 1883. — Les aventures galantes de quelques enfants de Loyola. *Brux.*, 1882. — La Belle Alsacienne. *Brux*, 1882. — La Courtisane amoureuse et vierge ou Mémoires de Lucrèce, par C. Lesuire. *Brux.*, 1883. — Les Lauriers ecclésiastiques. *Bruxelles*, 1882. — Les Confessions d'un doct. de Sorbonne, par Belin de Ballu. *Brux.*, 1883. — L'enfant du trou du Souffleur, par H.-A. Beaufort. *Brux.*, 1883. — Etc., etc.

415. — Les Egaremens de l'Amour, par Imbert. *Londres*, 1793, in-12, dem.-rel. vél. bl.

416. — Le Poète, mémoires d'un hommes de lettres (par Desforges), avec la clef des noms des personnages. *Bruxelles*, 1881, 5 vol. in-12, br.

417. — Les dangers d'un tête-à-tête, par Colleville. *Paris, an VII*, in-12, dem.-rel. mar. bl.

418, — Camille ou l'Amour vainqueur de la mort. An *VIII*, in-12, dem.-rel. vél. bl.

419. — Vies, amours et aventures des solitaires des Alpes, par Pagès. *Paris*, 1800, 3 vol. in-12, dem.-rel. vél. bl.

420. — Cordelia ou faiblesse excusable, par Chalin. *Paris*, 1800, in-12, dem.-rel. toile lustrée.

421. — Celestine ou les époux sans l'être. *Paris*, 1800, 2 vol. in-12, dem.-rel. toile lustrée.

422. — Mémoires et voyages d'un émigré, par Belin de Ballu. *Paris*, 1801, 3 vol. in-12, dem.-rel. vél. bl.

423. — Le temps passé; malheurs de Mlle de Mo***, émigrée, par Ch. Bournon. *Paris*, 1801, 2 vol. in-12, dem.-rel. vél. bl.

424. — La Femme abbé, par S. Maréchal. *Paris*, 1801, in-12, dem.-rel. mar. r.

425. — Le cousin de Faublas. *Paris*, 1801, 2 vol. in-12, dem.-rel. vél. bl.

426. — Le Faublas militaire, aventures d'un hussard. *Paris*, 1802, in-12, dem-rel. vél. bl.

427. — Voyage de plusieurs émigrés. *Paris*, 1802, in-12, dem.-rel. mar. vert.

428. — Mémoires de Séraphine ou les jeux de l'amour. *Paris*, 1802, 2 vol. in-12, dem.-rel.

429. — Esope au bal de l'Opéra. *Paris*, 1802, 2 vol. in-12, dem.-rel. mar. Lavall.

430. — Le Savetier enrichi, par madame L. *Paris*, 1802, in-12, dem.-rel. mar. v.

431. — Mon habit mordoré, par Kératry. *Paris*,1802, 2 vol. in-12, dem.-rel. vél. bl.

432. — Papa Brick ou qu'est-ce que la mort? (par Seurin). *Paris*, *an IX*, in-12, dem.-mar. n.

433. — Les Forges mystérieuses ou l'Amour archiviste, par Guénard. *Paris*, *an IX*, 4 vol. in-12, dem.-rel. mar. r.

434. — La mauvaise mère. *Paris*, *an IX*, 2 vol. in-12, dem.-rel. toile lustrée.

435. — La rencontre au Garrigliano ou les quatre femmes, par De Montolieu. *Paris*, 1803, in-12, dem.-rel. vél. bl.

436. — Le peintre de Saltzbourg, journal d'un cœur. par Ch. Nodier. *Paris*, 1803, in-12, dem.-rel. vél. bl.

437. — Eugénie (par le baron de Walkenaër). *Paris*, 1803, in-12, dem.-rel. mar. r.

438. — L'Enfant du trou du souffleur. par Beaufort. *Paris*, 1803, 2 vol. in-12. dem.-rel. vél. bl.

439. — La diligence de Bordeaux. par Rosny. *Paris*, 1804, in-12. dem.-rel. mar. br.

440. — Une soirée de la bonne compagnie en 1804. *Paris*, 1804, in-12, dem.-rel. vél. bl.

441. — La vie et les opinions d'un Bijou, trad. du Congo. *Paris*, 1804, 2 vol. in-12, dem.-rel. vél. bl.

442. — Six mois d'exil ou les orphelines de la Révolution. *Paris*, 1805, 3 vol. in-12, dem.-rel. mar. r.

443. — Six mois d'exil ou les orphelines de la Révolution. *Paris*, 1805, 3 vol. in-12, dem.-rel. mar. gren.

444. — Adolphe de Morni. par Belmont. *Paris*, 1805, 3 vol. in-12. dem.-rel. toile lustrée.

445. — Koraïme l'infortunée, par Mme de Flamanville. *Paris*, 1805. 2 vol. in-18, cart.

446. — Le chevalier de Blamont. *Paris*, an XI, 3 vol. in-12, dem.-rel. toile lustrée.

447. — Le Fils d'adoption ou amour et coquetterie. par J. de Montolieu. *Paris*, an XII, 3 vol. in-12, v.

448. — Thérèse vertueuse, par Me De St-Venant. *Paris*, 1807, 2 vol. in-12, dem.-rel. vél. bl.

449. — Le duc de Lauzun. par Wimpffen. *Paris*, 1808, 2 vol. in-12, dem.-rel. vél. bl.

450. — Mémoires de la vie galante, politique et littéraire de l'abbé Delaunay Du Gué. *Paris*, 1808, 2 vol. in-8, dem.-rel.

451. — Le père Lablache, par madame D*. *Paris*, 1808, in-12, dem.-rel. mar. grenat.

452. — Le chevalier de St-Georges ou le débauché. *Paris*, 1809, 2 vol. in-12, dem.-rel. mar. br.

453. — Elvire ou la femme innocente et perdue. *Paris*, 1809, 2 vol. in-12, dem.-rel. vél. bl.

454. — Mémoires d'un vieillard de 25 ans, par De Rochemond. *Hambourg*. 1809, 5 vol. in-12, dem.-rel. mar bleu.

455. — Les Fureurs de l'Amour. *Paris*, 1809, in-12, dem.-rel. vél. bl.

456. — Marie ou les peines de l'amour, roman attribué à Louis Bonaparte. *Paris*. 1814. 3 vol. in-12, dem.-rel. vél. bl.

457. — L'Habit de Cour. *Paris*. 1815, in-12, dem.-rel. vél. bl.

458. — Campagnes de l'abbé Poulet en Espagne, publ. par J.-B. Picquenard. *Brest, Michel*, 5 vol. in-12, dem.-rel. vél. bl.

459. — Colin Maillard ou mes Caravanes. Mémoires historiques de la fin du xviiie siècle, par Plancher-Valcour. *Paris*. 1816. 5 vol. in-12, dem.-rel. vél. bl.

460. — Boris, nouvelle, par St-Hippolyte. *Paris*,1819, in-12, dem.-rel. toile lustrée.

461. — Ma toilette, manuscrit dérobé à une vieille femme (par Me de Saluces). *Paris*, 1819, 2 vol. in-12, dem.-rel. vél. bl.

462. — Thérèse Aubert (par Ch. Nodier). *Paris*, 1819, in-12, dem.-rel. vél. bl.

463. — Jean Hogar (par Ch. Nodier). *Paris*, 1820, 2 vol. in-12, dem.-rel. vél. bl.

464. — Lord Ruthwen ou les Vampires (par Ch. Nodier). *Paris*, 1820, 2 vol. in-12, dem.-rel. vél. bl.

465. — Le Sac blanc, extrait de différ. correspondances relat. à la reine Caroline de Brunswick. *Paris*, 1820, 2 vol. in-12, dem.-rel. mar. r.

466. — Amour et Suicide. *Paris,* 1820, 2 vol. in-8, dem.-rel. vél. bl.

467. — Vice et vertu ou l'heureuse séduction, par la C^{esse} de Nardouet. *Paris,* 1820, 4 vol. in-12, dem.-rel. vél. bl.

468. — La Fille errante ou les méprises de l'amour, aventures singulières de Mlle de F**. *Paris, Tiger,* s. d., in-18, dem.-rel. mar. r.

469. — Les Fantômes nocturnes (par Cuisin). *Paris,* 1821, 2 vol. in-12, dem.-rel. toile lustrée.

470. — Les Fantômes nocturnes ou les terreurs des coupables, théâtre de forfaits offrant des échafauds sanglants. *Paris,* 1821, 2 vol. in-12, dem.-rel. mar. r.

471. — Smarra ou les Démons, songes romantiques, par Ch. Nodier. *Paris,* 1821, in-12, dem.-rel. vél.bl.

472. — Trilby ou le Lutin, par Ch. Nodier. *Paris,* 1822, in-12, dem.-rel. vél. bl.

473. — L'Enfant du Coche, par Sabaroth. *Paris,* 1822, 2 vol. in-12, dem.-rel. vél. bl.

474. — L'Enfant du Jésuite, par Laumier. *Paris,* 1822, 2 vol. in-12, dem.-rel. vél. bl.

475. — Clotilde de Lusignan ou le beau Juif, par Lord R'Hoone. *Paris,* 1822, 4 vol. in-12, dem.-rel. vél. bl.

476. — Le jugement par jury. *Paris,* 1824. 2 vol. in-12, dem.-rel. vél. bl.

477. — La Tradition du château, scènes de l'Ile d'Émeraude. *Paris,* 1824, 2 vol. in-12, dem.-rel. vél. bl.

478. — Mes Caravanes ou folies sur folies, par Mars. *Paris,* 1824, 2 vol. in-12, dem.-rel. vél. bl.

479. — Colin Gauthier ou le nouveau paysan perverti, par le petit-fils de Rétif. *Paris,* 1824, 3 vol. in-12, dem.-rel. vél. bl.

480. — Mémoires de madame Adaure, par la C^{esse} de

Choiseul. *Paris*, 1824, 2 vol. in-12, dem.-rel. mar. vert.

481. — L'Enfant du hasard trouvé dans une corbeille, par P. C. *Paris*, 1825, in-12, dem.-rel. mar. vert.

482. — Les Aventures de Faust, par St-Geniès. *Paris*, 1825, 3 vol. in-12, dem.-rel. mar. bl.

483. — Urbain Grandier, par Bonnelier. *Paris*, 1825, 2 vol. in-12, dem.-rel. vél. bl.

484. — Vingt années de captivité, mémoires d'une grande dame, par Mme Guénard. *Paris*, 1825, 3 vol. in-12, dem.-rel.

485. — Les Fureurs de l'Amour, par J. *Paris*, 1826, 2 vol. in-12, dem.-rel. vél. bl.

486. — Le colonel Duvar, fils naturel de Napoléon. *Paris*, 1827, 2 vol. in-12, dem.-rel. vél. bl.

487. — Voyage dans la vallée des originaux, par Du Coudrier. *Paris*, 1828, 5 vol. in-12, dem.-rel.vél.bl.

488. — Le gentilhomme normand, par Raban. *Paris*, 1829, 4 vol. in-12, dem.-rel. toile lustrée.

489. — Le Fou criminel, roman historique, par Favrolle. *Paris*, 1829, 4 vol. in-12, dem.-rel. vél. bl.

490. — La Femme du monde et la dévote, par Maignaud. *Paris*, 1829, 3 vol. in-12, dem.-rel. toile lustrée.

491. — L'Elixir du Diable, par Spindler, trad. de l'allemand par Cohen. *Paris*, 1829, 4 vol. in-12, dem.-rel. vél. bl.

492. — La Lingère, roman populaire, par Signol. *Paris*, 1830, 5 vol. in-12, dem.-rel. vél. bl.

493. — Barnave, par Jules Janin. *Paris*, 1831, 4 vol. in-12, br.

494. — Mes douze premières années. *Paris*, 1831, in-12, dem.-rel.

495. — Rose et Blanche ou la comédienne et la reli-

gieuse, par J. Sand. *Paris*, 1831, 5 vol. in-12, dem.-rel. toile lustrée.

496. — L'Echarpe. *S. l. (Paris)*, in-12, dem.-rel. toile lustrée.

497. — Le Peintre ou une vie d'artiste, par Tilleul. *Paris*, 1832. 5 vol. in-12, dem.-rel. toile.

498. — Espérance. *Paris*, 1834, in-12, dem.-rel. v. br.

499. — Baltassar, par Edouard Cassagnaux, auteur du Meurtre de la Vieille Rue du Temple et du Pénitent. *Paris*. 1835, in-12, br., non rogné, couvert. imprimée.

500. — 100 têtes sous un bonnet, par Joseph Bard. *Paris, Hipp. Souverain*, 1836, in-8, couvert. imprimée, br.

501. — Chien Caillou. Fantaisies d'hiver, par Champfleury. *Paris*. 1847. in-12, couverture imprimée. br.

> Edition originale. — Envoi d'auteur signé.

502. — Scènes de la vie russe, par Tourgueneff. trad. par Marmier. *Paris*, 1858, in-8, cart.

503. — La Cité maudite, par Ponroy. *Paris*, 1858. 2 vol. in-8, br.

504. — Les Amours jaunes, par Corbière. *Paris*, 1873. in-12, br.

505. — Le médecin de l'Opéra. roman psychologique par le bibliophile Jacob. *Paris*, 1873. in-12, br.

> Exemplaire en GRAND PAPIER VÉLIN.

506. — Prosper Mérimée. Mateo Falcone, publ. d'après le ms. autographe de l'auteur (par le marquis de Queux de St-Hilaire). *Paris (impr. de Jouaust)*, 1876, in-8, portr., papier Whatmann, br.

> Tiré à petit nombre. — Envoi de l'éditeur.

507. — Souvenirs de première jeunesse d'un curieux septuagénaire. *Paris*, 1877, in-8, br.

> Envoi d'auteur signé.

508. — La Fille Élisa. par Ed. de Goncourt. *Paris*, 1877. — La Faustin. *Paris*, 1882. — 2 vol. in-12, br.
Envois d'auteur signés.

509. — De Goncourt. Madame de Pompadour. *Paris*. 1878. — La Du Barry. *Paris*, 1878. — La maison d'un artiste. *Paris*, 1881. — Ens. 4 vol. in-12, br.

510. — La Vie bête, par Walter. *Bruxelles*, 1883, in-12, br.
Exemplaire sur PAPIER DU JAPON.

511. — La seconde nuit, par Génisty, roman bouffe. illustrations de Henriot. *Bruxelles*, 1884, in-8, br.

512. — Œuvres choisies de Cervantès, traduct. de H. Bouchon Dubournial. *Paris*, 1807, 8 vol. in-8. dem.-rel. vél. bl.

513. — Histoire de don Pablo de Ségovie, par Quevedo, trad. par Germond de Lavigne, vignettes de H. Erny. *Paris*, 1843, in-8, dem.-rel.

514. — Les voyages du capitaine Gulliver. trad. de l'abbé Desfontaines, précéd. d'une notice par Reynald, gravures à l'eau-forte de Lalauze. *Paris*. *Jouaust*. 1875, 4 vol. in-12, br.

515. — Tom Jones, illustrations par Borel. Suite de 25 pl. in-8.

516. — Vathek, par Beckford. *Londres*, 1815, in-12, v. (*Rare*.)

517. — Iu-Kiao-Li ou les deux Cousines, roman chinois, trad. par Rémusat. *Paris*, 1826, 4 vol. in-12, dem.-rel. toile lustrée.

518. — Pauvre Trompette. Fantaisies de printemps, par Champfleury. *Paris*, 1847, in-12, br.
Édition originale. — Envoi d'auteur signé.

V. — CONTES ET NOUVELLES.

519. — Quelques contes du Pogge, trad. en français par Philomneste junior (G. Brunet). *Genève, Gay*, 1868, in-12, br.

520. — Le Parangon des nouvelles honnestes et délectables, 1531, avec introduct. par E. Mabille. *Paris*, 1865. — Le grand Parangon des nouvelles rec. par Nicolas de Troyes, publ. par Mabille. *Paris*, 1866. — Ens. 2 vol. pet. in-12, br.

Exemplaires sur PAPIER DE CHINE.

521. — L'Heptaméron des nouvelles de la Reine de Navarre, édition publ. sur les ms. pour la Soc. des Bibliophiles français (par Leroux de Lincy). *Paris*, 1853, 3 vol. pet. in-8, br.

522. — Les facétieuses nuits du seigneur Straparole, trad. par Louveau et Larivey, avec préface et notes par G. Brunet et quatorze dessins de Garnier gravés par Champollion. *Paris, Jouaust*, 1882, 4 vol. in-12, fig., br.

523. — Les neuf matinées du seigneur de Cholières. *Paris*, 1585. — Les après disners du seigneur de Cholières. *Paris*, 1587. — 2 vol. pet. in-12, br.

Réimpressions faites à Bruxelles, chez Mertens.

524. — Œuvres du seigneur Des Cholières, édition préparée par Tricotel, publ. avec notes par P. Lacroix. *Paris*, 1879, 2 vol. in-12, br.

525. — Contes et nouvelles en vers de Lafontaine, édition des Fermiers-Généraux. *Paris, Barraud*, 1874, 2 vol. in-8, fig. en feuilles, dans des cartons.

Exemplaire en GRAND PAPIER WHATMANN. — Envoi de l'éditeur à M. Paul Lacroix.

526. — Les Contes de Perrault, préface par P. L. Jacob, avec douze eaux-fortes par Lalauze. *Paris*. 1876, in-8, br.

Envoi signé de l'éditeur.

527. — Les galanteries anglaises, nouvelles historiques. *La Haye*, 1700, in-12, dem.-rel. vél. bl.

528. — Le Sopha, conte moral (par Crébillon). *Paris*, 1774, in-12, dem.-rel. mar. n.

529. — Le Décaméron François, par d'Ussieux. *Paris*, 1776-84, 3 tom. en 5 vol. in-8, fig. dem.-rel.

530. — Les mille et une folies, contes (par Nougaret). *Paris*, 1776, 4 vol. in-12, dem.-rel. vél. bl.

531. — Contes nouveaux. *S. l.*, 1785, in-12, dem.-rel. mar. Lavall.

532. — Les veillées amusantes. *Paris*, 1787, 6 parties en 2 vol. in-12, dem.-rel.

533. — Œuvres badines et morales de Cazotte. *Londres (Cazin)*, 1788, 7 vol. in-18, v.

534. — De la Collection des Petits Conteurs du XVIIIᵉ siècle, publ. par Quantin sous la direction d'Oct. Uzanne. *Paris*, 1878-79, 8 vol. in-8, pap. de Hollande, br.

> Contes de Voisenon, Moncrif, le chevalier de la Morlière, Cazotte, Duclos, Crébillon, Boufflers, Caylus. — La plupart de ces volumes portent des envois et des dédicaces élogieuses de l'éditeur Oct. Uzanne au bibliophile Jacob.

535. — Bibliothèque choisie de contes, facéties et bons mots. *Paris*, 1786, 2 vol. in-8, dem.-rel. mar. Lavall.

536. — Les après-soupers d'Alexandrie, amours des dames à l'armée d'Orient. *Paris*, 1802, 2 vol. in-12, dem.-rel. vél. bl.

537. — Les mille et un souvenirs ou les veillées conjugales, par Desforges. *Bruxelles*, 1883, 3 vol. in-12, br.

538. — Nouvelles, par Fiévée. *Paris*, 1803, 2 vol. in-12, dem.-rel. vél. bl.

539. — Contes noirs et blancs ou marqueterie littéraire, par Bertin. *Paris*, 1803, in-12, dem.-rel. vél. bl.

540. — Point de lendemain, conte (par Vivant Denon). *Strasbourg*, 1864, in-12, br.

> Publié par Ch. Mehl, bibliophile.

541. — Point de lendemain, par V. Denon. *Paris, Liseux*, 1876, in-16, br.

542. — Mémoires de Casanova de Seingalt. *Paris*,

Paulin, 1843, 4 vol. in-12, dem.-rel. mar. r., tr. dor.

543. — Contes et joyeusetés. 8 vol. in-12, br.

> Contes et nouvelles de Jér. Morlini. *Naples*, 1878. — Contes théolo-
> giques (par Andréa de Nerciat). *Bruxelles*, 1879. — Contes à rire, par
> le citoyen Collier. *Brux.*, 1881. — Sottisier de Nashr-Eddin Hodja.
> *Brux.*, 1878. — Œuvres de la marquise de Palmarèze, espiègleries,
> joyeusetés, etc., par Mérard St-Just. *Rotterdam, s. d.*, 2 vol. — Fleur
> orientale, contes inédits trad. du Mongol. *Oxford*, 1882.

544. — Les contes noirs ou les frayeurs populaires,
par De St-Albin. *Paris*, 1818, in-12, dem.-rel. vél. bl.

545. — Hoffmann. Contes fantastiques, traduct. de
Loëve, avec préface par G. Brunet. *Paris, Jouaust*,
1883, 2 vol. in-12, br.

546. — Les Payens innocents, nouvelles par Hipp.
Babou. *Paris, Poulet-Malassis*, 1862, in-12, br.

547. — Contes et livres galants, publ. par divers éditeurs de Bruxelles. 16 vol. in-12, br.

> Contes guillerets, par Carl Maubray. *Brux.*, 1874. — Bulle d'Alexan-
> dre VI, nouvelle de Casti, par Andrieux. *Luxembourg*, 1866. — Le Lion
> d'Angélie, les Vestales de l'Eglise, par Marc de Montifaud. *Brux.*,
> 1877. — Les égarements de Julie. *Brux.*, 1884. — Le Sultan Misapouf
> et la princesse Grisemine. *Brux.*, 1883. — Alosie ou les amours de
> Mme de M. T. P. (Mme de Montespan), publ. par Marc de Montifaud.
> *Paris*, 1876. — Jolis péchés des Nymphes du Palais-Royal. *Paris, s. d.*
> — Etc., etc.

548. — Les Pantagruéliques, contes du pays Rémois,
par J. Liber. *Turin*, 1871, pet. in-12, portrait de
l'auteur, pap. vélin, br.

549. — Les Grappillons, contes en vers, naïvetés,
épices, etc., par un Bourguignon salé. *Paris*, 1879,
pet. in-12, br.

VI. — FACÉTIES. — LIVRES SUR LES FEMMES, L'AMOUR ET LE MARIAGE.

550. — Recueil de bons mots anciens et modernes.
Paris, 1705, in-12, dem.-rel. mar. br. — Bons mots
des Grecs et des Romains, choisis dans les textes
originaux, par J. D. Lewis. *Paris*, 1882, in-18, br.

551. — Les Touches du seigneur des Accords, 1585-1588. *Bruxelles*, 1863. 2 vol. pet. in-12. br.

Exemplaire sur PAPIER DE CHINE.

552. — Les Bigarrures du seigneur des Accords. avec les apophtegmes du sieur Gaulard et les escraignes dijonnoises. *Bruxelles (Gay)*. 1866, 3 vol. pet. in-12, br.

553. — Les tracas de la foire du Pré. facétie normande. attribuée à G. Garguille, commentée par Epiph. Sidredoulx (Prosp. Blanchemain). *Paris*. 1869. pet. in-8. br.

554. — Fantaisies de Bruscambille. *Lyon*, 1618, pet. in-12, br. — Nouvelles et plaisantes imaginations de Bruscambille. *Bergerac*, 1615, pet. in-12, br.

Réimpressions faites à Bruxelles en 1863-1864, par Mertens.

555. — Grandes et récréatives pronostications, par Astrophile le Roupieux. *Bruxelles*, 1863, pet. in-12, br.

Exemplaire sur PAPIER DE CHINE.

556. — Nouveau recueil de pièces comiques et facétieuses les plus agréables et divertissantes de ce temps. *Lyon*, 1663, in-12, dem.-rel. mar. bleu.

557. — Recueil de pièces du temps pour chasser la mélancolie. *La Haye*, 1685. *Bruxelles*, 1865, pet. in-12, br.

Exemplaire sur PAPIER DE CHINE.

558. — Maranzakiniana, nouv. édition. avec notice. par Philomneste junior (G. Brunet). *Paris*, 1875, in-12, br.

559. — Voyage de trois Turcs de qualité. *Folichonopolis*, 1758, in-8, br.

Réimpression d'une facétie normande faite à Rouen en 1881, par les soins de M. Deschamps, bibliophile.

560. — Réimpression de pièces facétieuses rares ou inédites du xvie siècle, publ. par Gay sous la rubrique de Berne. Broch. in-24, couv. en pap. doré.

Différents des chapons et des coqs. — Vertu des mignons. — Farce du gaudisseur. — Brevet d'une fille de mode. — Le bruit qui court de l'espousée. — Etc.

561. — Anthologie scatologique, recueillie et annotée par un bibliophile de cabinet. *Paris, Gay*, 1862, in-8, br.

562. — Pièces désopilantes recueillies pour l'esbattement de quelques Pantagruélistes. *Paris*, 1866, pet. in-12, br.

Exemplaire sur PAPIER DE CHINE.

563. — Recueil de pièces rares et facétieuses anciennes et modernes, remises en lumière pour l'esbattement des Pantagruélistes. *Paris, Barraud*, 1872-1873, 4 vol. in-8, br.

564. — Les Courtisanes de la Grèce d'après les auteurs, par L. Jacob. *Nice*, 1852, pet. in-12, br.

565. — Les très merveilleuses victoires des femmes dans le Nouveau Monde, suivi de la doctrine du siècle doré, par Postel, avec notices par G. Brunet. *Turin, Gay*, 1869, pet. in-8, br.

566. — Tableau des piperies des femmes mondaines. *Cologne*, 1686. *Bruxelles*, 1866, pet. in-12, br.

Exemplaire sur PAPIER DE CHINE.

567. — Ch. Monselet. Les galanteries du xviiie siècle. *Paris*, 1862, in-12, br.

568. — L'Amour au dix-huitième siècle, par Ed. et J. de Goncourt. *Paris*, 1875, in-8, br.

Envoi d'auteur signé.

569. — Réimpressions de livres sur les femmes. — 4 vol. in-12 et in-18, br.

Le Divorce satyrique ou les amours de la Reine Marguerite. *Bruxelles, Gay*, 1878. — La Sphère de la Lune, composée de la tête de la femme, par Mlle de B**. *Brux.*, 1881. — Le Diable dupé par les femmes, nouvelle critique et galante, par le Sr N. F. Henry. *Brux.*, 1881. — La Messe de Gnide. *Brux.*, 1881.

570. — Mœurs du xviiie siècle. La Chronique scandaleuse, publ. par Uzanne. *Paris*, *Quantin*, 1879, gr. in-8, br.

Envoi signé.

571. — Les Provinciales. Histoires des filles et femmes des provinces de France (par Restif de la Bretonne). *Paris*, 1792-1794, 12 vol. in-12, fig., dem.-rel. vél. bl., tête dor., non rognés.

572. — Les hommes démasqués, par Labenette. *Paris*, 1796, 2 vol. in-12, dem.-rel. toile lustrée.

573. — La galerie des femmes. *Hambourg*, 1799, in-12, dem.-rel. mar. br.

574. — Les trois âges de l'amour, portefeuille d'un petit maître. *Amsterdam*, 1802, 2 vol. in-12, dem.-rel. mar. r.

> Note curieuse relative à l'ouvrage, écrite au crayon sur la garde du premier volume.

575. — L'Observateur sentimental ou correspondance anecdotique, politique, pittoresque et satirique de Mohamed-Saadi sur les événements et les mœurs de nos jours. A *Smyrne, l'an de l'Hégire*, 1215 (1802), in-8, dem.-rel. vél. bl.

576. — Livres galants, réimpressions faites à Bruxelles par Gay. — 14 vol.

> Vie et mœurs de Mlle Cronel, dite Frétillon. *Bruxelles*, 1883, 2 vol. — Les femmes entretenues dévoilées ou le fléau des familles et des fortunes, par P. Cuisin. *Brux.*, 1883. — La papesse Jeanne, étude historique par Philomneste junior (Gust. Brunet). *Brux.*, 1880. — L'Abbé en belle humeur. *Brux.*, 1881. — Nocrion, conte allobroge. *Brux.*, 1881. — Utilité de la flagellation. *Brux.*, 1879. — Vénus la populaire. *Brux.*, 1883. — Le Put. d'Amsterdam. *Brux.*, 1883. — Les nuits d'épreuves. *Brux.*, 1877. — Etc., etc.

577. — Les jolis péchés d'une marchande de mode, par Nougaret. *Paris*, 1882. — Le Carême de Cythère, par J.-F. Bastide, fantaisie du XVIIIe siècle. *Paris*, 1882. — Ens. 2 vol. in-16, pap. teinté, br.

> Réimpressions de bibliophiles.

578. — Les mœurs du jour ou la galanterie expérimentale, par Guyot. *Paris*, 1810, 2 vol. in-12, dem.-rel. vél. bl.

579. — Scènes de la vie des femmes, par De L*. *Paris*, 1818, 2 vol. in-12, dem.-rel. vél. bl.

580. — Le mal qu'on a dit de l'amour, par Em. Deschanel. *Paris et Brux., s. d.* — Ce qu'on a dit de la fidélité et de l'infidélité, par Larcher et Julien. *Paris et Brux., s. d.* — Ens. 2 vol. pet. in-18, br.

581. — Sur les femmes et les mœurs. Collection Hetzel. 1858, 6 vol. in-12, br.

> Les hommes jugés par les femmes. — Les femmes peintes par elles-mêmes. — Ce qu'on a dit du mariage et du célibat. — Les femmes jugées par les méchantes langues. — Anthologie satirique. — Petites tribulations de la vie humaine, par Martin et Larcher.

582. — Les maris célèbres anciens et modernes, par Ledru. *Paris,* 1868. — Dissertation sur l'origine du mot Cocu. *Blois,* 1835. — 2 vol. pet. in-18, br.

583. — Diverses réimpressions publ. par Jouaust, Duquesne, etc. — 9 vol. in-18 et in-12, br.

> Les triomphes de l'abbaye des Couards. *Paris.* 1874. — Discours sur la nudité des mammelles. *Gand,* 1857. — La nuit et le moment. *Brux.,* 1881. — La papesse Jeanne, par Philomneste junior (Gust. Brunet). *Brux.,* 1880. — Catéchisme des gens mariés, par le P. Féline. *Bruxelles,* 1881. — Cuckoldiana, par Oscar Ledru. — Etc., etc.

584. — Bibliothèque publiée par les soins de la Société cosmopolite chez Gay, sous les rubriques de Neuchatel et de Strasbourg. 1871-1874, 26 volumes in-16, br.

> Cette collection bien connue comprend : Le Parnasse satyrique. — Les nonnes fugitives. — La sultane Borréa. — Facéties sur la Polignac. — Têtes à prix. — Les amours de Charlot. — Constitutions de l'Hôtel du Roule. — Mémoire des intrigues de la Cour. — La France f. et divers pamphlets sur Marie-Antoinette. — Etc.

585. — The Kama Sutra of Vatsyayana (or aphorismos on Love). *London and Benares,* 1883, 1 vol. en 7 fascic. gr. in-8, br.

VII. — ÉPISTOLAIRES. — MÉLANGES. POLYGRAPHES. — COLLECTIONS.

586. — Lettres inédites de Montaigne, publ. par Feuillet de Conches. *Paris,* 1863, in-8, br.

587. — Lettres de Jean-Louis Guez de Balzac, publ.

par Ph. Tamizey de Larroque. *Paris, Imprim. Nationale*, 1873, in-4, br.

588. — Lettres de Chapelain, de l'Académie française, publ. par Tamizey de La Roque. *Paris*, 1880-1883, 2 vol. in-4, cart.

589. — Correspondance de Fléchier avec madame Des Houlières et sa fille, publ. par A. Fabre. *Paris*, 1871, in-8, br.

590. — Lettres de madame de Sévigné, de sa fille et de ses amis, publ. par Monmerqué, augm. d'un lexique par E. Sommer, de trois appendices et d'un album composé d'armoiries de portraits et de fac-simile. *Paris, Hachette*, 1862-1868, 14 vol. gr. in-8, br.

De la collection des *Grands Écrivains de la France.*

591. — Lettres de Guy Patin, édition augmentée de lettres inédites par Réveillé Parise. *Paris*, 1846, 3 vol. in-8, br.

592. — Correspondance inédite du roi Stanislas-Auguste et de madame Geoffrin (1764-1777), publiée par De Mouy. *Paris*, 1875, in-8, br.

593. — Choix moral des lettres de Voltaire, précédé d'une notice sur la vie de cet écrivain, par Victor Hugo. *Paris*, 1824, 4 vol. in-12, cart.

594. — Lettres satiriques et critiques, par H. Babou. *Paris*, 1860, in-12, br.

595. — Lettres grecques de madame Chénier. Sa vie, par De Bonnières. *Paris*, 1879, in-18, br.

Envoi signé.

596. — Érasme. Les Colloques, nouvell. traduits par Develay, ornés de vignettes gravées à l'eau-forte par Chauvet. *Paris, Jouaust*, 1875, 3 vol. in-8, fig. à mi-page, br.

597. — Œuvres choisies de St-Evremond, publ. par de Lescure. *Paris, Jouaust*, 1881, pet. in-8, portr., pap. vergé, br.

598. — Œuvres de Lesage, avec notice par Poitevin. *Paris, Didot,* 1868, gr. in-8, br.

599. — Œuvres complètes de Montesquieu, avec des notes de Voltaire, La Harpe, etc. *Paris, Didot,* 1866, gr. in-8, br.

600. — Œuvres inédites de Piron, publiées par H. Bonhomme. *Paris,* 1859, in-12, br.

601. — Œuvres complètes de Volney. *Paris, Didot,* 1868, gr. in-8, br.

602. — Œuvres complètes de Louis Courrier, augmentées de morceaux inédits, par Arm. Carrel. *Paris, Didot,* 1867, gr. in-8, br.

603. — Ouvrages d'Edouard Fournier. — 3 vol. pet. in-16, br.

Paris démoli, édition augmentée avec préface de Théophile Gautier. *Paris,* 1882. — L'esprit des autres. *Paris,* 1882. — L'esprit dans l'histoire, recherches et curiosités sur les mots historiques. *Paris,* 1882.

604. — Causeries et méditations historiques et littéraires, par Ch. Magnin. *Paris,* 1843, 2 vol. in-8, br.

605. — Etudes de philologie et de critique, par Ouvaroff. *Saint-Pétersbourg,* 1843, gr. in-8, br.

606. — Ouvrages de A. Bonnardot, Parisien. — 4 vol. in-16, pap. de Hollande, br.

La châsse de saint Cormoran, esquisses de mœurs populaires au XVIᵉ siècle. *Paris,* 1848. — Joseph le Rigoriste, facétie philosophique. *Paris,* 1848. — L'homme-oiseau ou la manie du vol, facétie en forme de vaudeville. *Paris,* 1852. — Mirouer du bibliophile Parisien. *Paris,* 1858.

607. — Les soirées de la Villa des Jasmins, par la marquise de Blosseville. *Paris,* 1874, 4 vol. in-8, br.

Envoi d'auteur signé. — Exemplaire en GRAND PAPIER VÉLIN TEINTÉ.

608. — Plumes et pinceau. Etude par Troubat. *Paris,* 1878, in-12, br. — Les Jouets, par Nicole. *Paris,* 1869, in-18, br.

Envois signés.

609. — Collection des auteurs latins (texte et traduct.), publ. sous la direction de Nisard. *Paris, Didot*, 1860, 27 vol. gr. in-8 à 2 col., br.

610. — De la Bibliothèque Elzévirienne, publ. par P. Jannet et autres. *Paris*, 1856-1880, 140 vol. in-16, rel. en percal. r., non rogn.

> Ancien Théâtre français. 10 vol. — Variétés historiques et littéraires. 10 vol. — Anciennes poésies françaises. 10 vol. — Œuvres de Ronsard, St-Amand, Des Périers, Corneille, La Rochefoucault, Théophile, Sénecé, Rutebeuf. Régnier, les XV Joies du Mariage, Gérard de Roussillon, Dolopathos. — Hist. amoureuse des Gaules. — Mémoires d'Argenson. — Mémoires de Tavannes, Brantôme, Marolles. — Le livre des peintres. — Villon, Rabelais. — Chapelle et Bachaumont, Tabarin, Campion, Melin de St-Gelais, Coquillart. — Etc., etc.

611. — Bibliothèque Gauloise. *Paris, Delahays*, 1857-1860, 13 vol. in-16, br.

> Histoire amoureuse des Gaules. 2 vol. — Œuvres de Desportes. — Aventures de Dassoucy. — Brantôme, vies des dames galantes. — Le livre des proverbes français. 2 vol. — Le Virgile travesti. — L'Heptaméron. — Œuvres de Tabarin. — Histoire comique de Francion. — Chronique de la Pucelle. — Œuvres complètes de Régnier.

612. — Nouvelle collection Jannet. *Paris*, 1867–1875, 28 vol. in-16, cart. en perc. bl., non rogn.

> Œuvres de Rabelais. 6 vol. — Roman bourgeois de Furetière. 2 vol. — Régnier (1re et 2e éditions). 2 vol. — L'Heptaméron. — Contes de Perrault. — Tiel l'espiègle. — Villon. — Souvenirs de mad. de Caylus. — Jehan de Paris. — Malherbe. — Don Pablo de Ségovie. — Œuvres de Marot. 4 vol. — Les Contemporaines, par Restif. 3 vol. — Poésies de Ch. d'Orléans. 2 vol.

613. — De la nouvelle Bibliothèque classique, publ. par Jouaust. 15 vol. in-12, br.

> Œuvres de Régnier, avec préface de Lacour. *Paris*, 1875. — La Satire Ménippée, avec introduct. par Read. *Paris*, 1876. — Œuvres choisies de Chamfort, avec notes de Lescure. *Paris*, 1879, 2 vol. — Œuvres choisies de Rivarol, avec préface de M. De Lescure. *Paris*, 1880, 2 vol. — Théâtre complet de Molière, avec la préface de 1682, annotée par G. Monval. *Paris*, 1882-1883, 8 vol. — Œuvres poétiques d'André Chénier, publ. par Eug. Manuel. *Paris*, 1884.

614. — Les chefs-d'œuvre inconnus. *Paris, Jouaust*, 1879–1884, 12 vol. in-12, br.

> Contes de St-Lambert. — Le faux chevalier de Warwick. — Voyage à Paphos, par Montesquieu. — Louise et Thérèse, par Restif. — Contes de La Chaussée. — Anecdotes littéraires, par Voisenon. — Tombeau de

Mlle de Lespinasse, par d'Alembert. — Les veillées d'une malade, par Villetesque. — Les Percherons. — La petite maison, par Bastide. — Bagatelles morales, par Coyer.

615. — Réimpressions et publications faites par Gay, à Paris, de 1862 à 1863. — 20 vol. pet. in-12, pap. vergé, br.

Fanfares et Courvées abbadesques de Roule-Bontemps. — Premier acte du Synode nocturne. — Livret de folastreries à Janot Parisien. — Plaidoyer de Freydier. — Tragédie de Pasiphaé, par Théophile. — Jardin des Roses. — Nouvelles d'un Rêvé. Père en Dieu. — Escole de l'intérêt. — Voyage de Piron à Beaune. — Chansons du Savoyard. — Caribarye des artisans. — Lion d'Angélie.— Nuits d'épreuves. — Heure du Berger. — Occasion perdue. — Troubles de Toulouse. — Etc.

616. — Réimpressions faites à Bruxelles par Gay, de 1863 à 1867. — 5 vol. pet. in-12, br.

Le désert des Muses. — Le Théâtre français, par Chappuzeau. — L'Espadon satyrique. — Le passe-temps des mousquetaires. — Le Sandrin ou Vert-galant.

617. — Réimpressions et publications faites par Gay, à Genève, en 1867 et 1868. — 18 vol. pet. in-12, br.

Portrait des dames de Montpellier. — Discours entre les femmes des-braillées. — Odes et poésies de Tahureau. — La fricassée crotestyllonée. — Satyres de Du Lorens. — Faicts merveilleux de Virgile. — Rabelais ressuscité. — Blason des faulces amours. — Navigation du compagnon à la bouteille. — Voyage du pays de St-Patrix. — Poésies de Maynard. — Carabinage et matoiserie soldatesques. — Deux sotties jouées à Genève. — Mémoires de Messire Jean de Laval, comte de Châteaubriant. — Etc.

618. — Réimpressions et publications faites par Gay, à Turin, en 1870-71. — 14 vol. pet. in-12, br.

Œuvres poétiques de P. de Cornu, Dauphinois. — Gaillardes poésies du capitaine Lasphaise. — L'attifet des damoyselles, par G. de la Tayssonnière. — La Néphélococugie, par G. Le Loyer. — Les Pantagruéliques. — Mascarades et farces de la Fronde. — Les cabarets de Rouen. — Les libertins en campagne. — Dévotions de Mme de Bethzamooth. — Le moulin, petit vaudeville. — Etc.

619. — Réimpressions et publications faites par J. Gay, à Nice et à San Remo, de 1873 à 1875. — 16 vol. pet. in-12, br.

Trois déclamations, esquelles l'ivrogne, etc. — Le Desniaisé, par Gillet de la Tessonnerie. — Epigrammes inédites de Gombault. — Eve ressuscitée. — L'école des maris jaloux. — Le couvent du Dragon vert. — La galerie des curieux, par Gérard Bontemps. — Les Jésuites de la

Maison Professe en belle humeur. — Le poète extravagant avec l'assemblée des filoux et des filles de joye. — Les chansons de Carrateyron. — Etc.

620. — De la Bibliothèque originale publiée par Pincebourde, à Paris, de 1864 à 1866. — 5 vol. in-16, pap. vergé, br.

Hist. du sieur abbé comte de Bucquoy. — Correspondance intime de l'armée d'Égypte, publ. par Lor. Larchey. — Petrus Borel, le Lycanthrope, par J Claretie. — La vérité sur la mort d'Alexandre le Grand, par E. Littré. — Les mystifications de Caillot-Duval.

621. — Du Cabinet du Bibliophile, publié par Jouaust. *Paris*, 1868-1873, 3 vol. in-12, br.

Chronique de Gargantua. — Œuvres inédites de Motin.

622. — Diverses publications et réimpressions par Jouaust, Willem, Liseux, etc. — 5 vol. in-18, br.

Le traicté de Geta et d'Amphitryon, poème dialogué du xvᵉ siècle, publ. par Le Queux de St-Hilaire. *Paris, Jouaust,* 1872. — La prise d'Étampes, poème latin inédit de P. Baron. *Paais, Willem,* 1869. — Discours de la bataille de Garennes (Ivry) en mars 1590. *Paris, Jouaust,* 1875. — Remonstrance aux François. *Paris, Liseux,* 1876. — Note sur l'Académie italienne des Intronati, par Ed. Cléder. *Brux.,* 1864.

623. — De la Collection des petits chefs-d'œuvre publ. par Jouaust. 1876-1881, 4 vol. in-18. br.

Farce de Patelin. *Paris,* 1876. — Mémoires de Ch. Perrault, avec notice par Lacroix. *Paris,* 1878 — Edouard, par Mᵐᵉ De Duras. *Paris,* 1879. — Contes, par Hégésippe Moreau. *Paris,* 1881.

HISTOIRE LITTÉRAIRE. — BIBLIOGRAPHIE.

I. — HISTOIRE DE LA LITTÉRATURE ET DES AUTEURS.

624. — Bibliothèque française ou histoire de la littérature française, par l'abbé Goujet. *Paris*, 1741-56, 18 tom. en 9 vol. in-12, dem.-rel. v. fauve.

625. — Archives curieuses ou singularités, curiosités et anecdotes nouvelles de la littérature, de l'histoire, des sciences, des arts, etc., publ. par Goujot de Fère. *Paris*, 1830-51, 4 part. en 1 vol. in-8, cart., non rogn.

626. — Histoire des livres populaires. Littérature et colportage depuis le xvᵉ siècle, par Ch. Nisard. *Paris*, 1854, 2 vol. in-8, fig. s. bois, br.
   Envoi d'auteur signé.

627. — Histoire littéraire du Maine, par Hauréau. *Le Mans*, 1843-1852, 4 vol. in-8, br.

628. — Notice sur les écrivains érotiques du xvᵉ siècle. *Bruxelles*, 1865. — Sur les obscénités, par Bayle. *Bruxelles*, 1879. — 2 vol. in-18, br.

629. — Tables biographiques et bibliographiques des sciences, des lettres et des arts, par Dantès. *Paris*, 1866, in-8, br.

630. — Histoire de Fléchier, par Delacroix. *Paris* (1865), in-8, br.

631. — Restif de la Bretonne, par Firmin Boissin. *Paris*, 1875, pet. in-8, pap. vergé, br.

632. — Martyrologe littéraire : Dictionnaire des auteurs vivants, par un hermite. *Paris*, 1816, in-8, br.

633. — Miettes littéraires, biographiques et morales, par Grille. *Paris*, 1853, 3 vol. in-12, br.

634. — La lorgnette littéraire. Dictionnaire des auteurs de mon temps, par Monselet. *Paris*, 1857, in-12, br.

635. — Les Oubliés et les Dédaignés, par Monselet. *Paris*, 1857, 2 vol. in-12, br.

636. — Ombres et vieux murs, par Vitu. *Paris*, 1859, in-12, br.

637. — Histoire politique et littéraire de la presse en France, par Hatin. *Paris*, 1859-1861, 8 tomes rel. en 4 vol. in-12, cart.

638. — Le dix-neuvième siècle. Les Œuvres et les Hommes, par Barbey d'Aurevilly. *Paris*, 1861-1865, 4 vol. in-12, br.

639. — Histoire des idées littéraires en France au xixᵉ siècle, par A. Michiels. *Paris*, 1863, 2 vol. in-8, br.

640. — Portraits et silhouettes au XIXᵉ siècle, par Mirecourt. *Paris*, 1867, 4 vol. in-8, br.

641. — Histoire de Murger, par trois buveurs d'eau. *Paris, s. d.*, in-12, br.

642. — Jules Janin, par A. Piédagnel. *Paris*, 1877, in-12, br.

    Envoi d'auteur signé.

643. — Etudes bio-bibliographiques sur les fous littéraires, par Oct. Delepierre. *Londres, s. d.*, in-8, pap. vergé, br.

644. — Les Fous littéraires. Essais bibliographiques, par Philomneste junior (G. Brunet). *Bruxelles*, 1880, pet. in-8, br.

645. — Les Fous litttéraires, rectifications et additions à l'Essai de Philomneste junior, par Tcherpakoff. *Moscou*, 1883, pet. in-8, br.

II. — MANUSCRITS, ARCHIVES, AUTOGRAPHES.

646. — Dictionnaire des abréviations latines et françaises du moyen âge, par Alph. Chassant. *Paris*, 1866, in-12, pl., cart.

647. — La librairie (composée de manuscrits) de Jean, duc de Berry, au château de Mehun-sur-Yère, publié par Hiver de Beauvoir. *Paris*, 1860, pet. in-8, br.

648. — Catalogus codicum ms. Bibliothecæ Bernensis curante J. R. Sinner. *Bernæ*, 1760, in-8, cart.

649. — Catalogus manuscriptorum, codicum collegii Claromontani. *Parisiis*, 1764, in-8, v.

650. — Manuscrits de la bibliothèque de Lyon, catalogues avec notices, par Delandine. *Lyon*, 1812. — Mémoires bibliographiques et littéraires, par Delandine. *Lyon, s. d.*, 4 vol. in-8, br.

651. — Traité de matériaux manuscrits de divers gen-

res d'histoire, par Monteil. *Paris*, 1836, 2 tomes en un vol. in-8, cart.

652. — Dissertations sur quelques points curieux de l'histoire de France et de l'histoire littéraire, par P. L. Jacob, bibliophile. *Paris, Téchener*, 1839, in-8, br.

> Tiré à 50 exemplaires seulement. — VIIe dissertation intitulée : « *Sur les Manuscrits relatifs à l'histoire de France et à la littérature française conservés dans les bibliothèques d'Italie.* » — Exemplaire sur PAPIER DE CHINE.

653. — Catalogue des manuscrits de la bibliothèque royale des ducs de Bourgogne. Résumé historique et répertoire méthodique. *Bruxelles*, 1842-1843, 4 vol. gr. in-4°, avec fig., br.

654. — Tableau général, par fonds, des Archives départementales antérieures à 1790. — Catalogue des Cartulaires. *Paris*, 1847-1848, in-4, demi-rel. vél. blanc.

655. — Catalogue of the Stowe collection of Manuscripts. *London*, 1849, pet. in-4, pl. de fac-simile. br. — Catalogue of the Parkins, library. *London*, 1873, gr. in-8, planches de fac-simile, br. — Ens. 2 vol.

656. — Catalogue général des Manuscrits des bibliothèques publiques des départements. *Paris*, 1849-1878, 6 vol. in-4, cart.

657. — Dictionnaire des pièces autographes volées aux bibliothèques publiques, par Lalanne et Bordier. *Paris*, 1851, in-8, dem.-rel.

658. — Les Archives de la France, par H. Bordier. *Paris*, 1855, in-8, br. — Les Archives de la France, leurs vicissitudes pendant la Révolution, leur régénération sous l'Empire, par le Marquis de Laborde. *Paris*, 1867, in-12, br. — Ens. 2 vol.

659. — Les Manuscrits de la bibliothèque du Louvre, brûlés dans la nuit du 23 au 24 mai 1871, par Louis Paris. *Paris*, 1872, in-8, br.

660. — Histoire du dépôt des archives des affaires étrangères, par Baschet. *Paris*, 1875, in-8, br.

661. — L'amateur d'autographes. Revue historique et biographique, par Charavay. *Paris*, 1862–1872, 10 années en 5 vol. in-8, dem.-rel. cuir de Russie, tête dorés, non rognés.

662. — Les autographes en France et à l'étranger, par De Lescure. *Paris*. 1865, in-8, br.

663. — L'Autographe, 1871-1872. *Paris, Bureaux du Figaro*, 2 vol. gr. in-fol. cartonnés en percal. r.

664. — Catalogues des ventes d'autographes rédigés par Laverdet, Charavay et divers. *Paris*, 1837-1874, 23 vol., demi–rel. vél. vert.

> Recueil intéressant formé par M. Paul Lacroix. — Chaque volume contient plusieurs catalogues d'autographes.

III. — HISTOIRE DE L'IMPRIMERIE ET DE LA LIBRAIRIE. — IMPRIMEURS CÉLÈBRES.

665. — De l'origine et des débuts de l'imprimerie en Europe par Aug. Bernard. *Paris, Imprimerie impériale*, 1853, 2 vol. in-8, br.

666. — Aldo Manuzio. Lettres et documents (1495-1515), publiés par Arm. Baschet. *Venise*, 1867, in-8, br.

> Non mis dans le commerce.

667. — Alde Manuce et l'hellénisme à Venise, par A. F. Didot. *Paris*, 1875, in-8, br.

668. — Histoire du Livre en France, par Edm. Werdet. *Paris*, 1861-64, 4 tom. en 5 vol. — De la librairie et de son avenir, par le même. *Paris*, 1860, 1 vol. — Ensemble 5 vol. in-12, br.

669. — Catalogue chronologique des libraires et imprimeurs de Paris, depuis l'an 1470 jusqu'à présent (par Lottin). *Paris*, 1789, in-4º, v. (*Rare*).

> Exemplaire en GRAND PAPIER. — On a relié en tête divers discours

et pièces relatifs à la translation des cours universitaires dans les bâtiments de la Sorbonne.

670. — Une association d'imprimeurs et libraires de Paris réfugiés à Tours au XVIe siècle, (par le Dr Giraudet). *Tours*, 1877, gr. in-8, pap. de Holl., br.

671. — Code de la librairie et de l'imprimerie de Paris (par Saugrain). *Paris, aux dépens de la communauté*. 1744, in-12, v.

672. — Geoffroy Tory, peintre et graveur, premier imprimeur royal, par A. Bernard. *Paris*, 1865, in-8, br.

673. — Dolet, sa vie, son martyre, par Boulmier. *Paris*, 1857, in-8, br.

674. — Œuvres typographiques. Recueil de dessins au trait exécutés avec des filets d'imprimerie, par Monpied aîné. *Paris. s. d.*, gr. in-fol., dem.-rel.
Hommage signé de l'auteur à M. Paul Lacroix.

675. — Illustrations de l'ancienne imprimerie troyenne (par Varlot). *Troyes*, 1850, in-4, br.

676. — Recherches historiques et bibliographiques sur l'imprimerie et la librairie dans le département de la Somme, par Pouy. *Amiens*, 1864, in-8, br.

677. — Antiquités typographiques de la France. — Origines de l'imprimerie à Albi en Languedoc (1480-1484). Les pérégrinations de J. Neumeister, par A. Claudin. *Paris*, 1880, in-8, av. fac-simile, br.
Envoi de l'auteur.

678. — Les imprimeurs Vendomois et leurs œuvres, par De Rochambeau. *Paris*, 1881, gr. in-8, br.

679. — Essai sur l'imprimerie en Saintonge, par Audiat. *Pons*, 1880, pet. in-8, br.

680. — La maison Plantin à Anvers. Monographie de cette imprimerie célèbre, par Degeorge. *Bruxelles*, 1878, in-8, fig., br.

681. — Cercle de la librairie. Première exposition (Origine de l'imprimerie dans les villes de France). *Paris*, 1880, in-8, cart.

IV. — INTRODUCTION A LA BIBLIOGRAPHIE. — TRAITÉS SPÉCIAUX. — MÉLANGES. — BIBLIO-THÈQUES. — JOURNAUX BIBLIOGRAPHIQUES.

682. — Philobiblien. Excellent traité sur l'amour des livres, par Richard de Bury, publ. par H. Cocheris. *Paris*, 1856, pet. in-8, cart.

683. — De la Bibliomanie, (par Bollioud Marnet). *La Haye*, 1761, in-12, br.

<small>Réimpression donnée par P. Chéron chez Jouaust.</small>

684. — La chasse aux bibliographes et antiquaires mal advisés, (par l'abbé Rive). *Londres*, 1789, 2 vol. in-8, br. — Chronique littéraire des ouvrages imprimés et manuscrits de l'abbé Rives. *Eleuthero-polis* (Aix), *an second du nouveau siècle*, in-8, br.

685. — Voyage autour de ma bibliothèque, roman bibliographique, par Caillot. *Paris*, 1809, 3 vol. in-12, dem.-rel. vél. bl.

686. — Ch. Nodier. — Mélanges tirés d'une petite bibliothèque. *Paris*, 1829. — Descript. raisonnée d'une jolie collection de livres, par le même. *Paris*, 1844. — Ens. 2 vol. in-8, dem.-rel. mar. n., non rognés.

687. — Monuments inédits ou peu connus faisant partie du cabinet de Guill. Libri, avec descript. en français et en anglais (avec supplément). *Londres*, 1862-64, in-fol., en feuilles.

688. — Histoire de la bibliophilie. Reliures, recherches sur les bibliothèques des plus célèbres amateurs, armorial des bibliophiles, par J. Téchener père et L. Téchener fils, et accompagn. de planches gravées à l'eau-forte, par Jules Jacquemart. *Paris*, 1861-64, 10 livraisons dans un cart. gr. in-fol.

689. — Recherches sur Jean Grolier, sur sa vie et sa bibliothèque, suiv. d'un catalogue des livres qui lui ont appartenu, par Le Roux de Lincy. *Paris*, 1866, gr. in-8, br. et atlas in-fol., cart.

690. — Variétés bibliographiques, par E. Tricotel. *Paris*, 1863, in-12, br.

691. — Dissertations bibliographiques, par P. Jacob. *Paris*, 1864, in-12, br.

692. — Fantaisies bibliographiques, par G. Brunet. *Paris*, 1864, in-12, br.

693. — Enigmes et découvertes bibliographiques, par P. Jacob. *Paris*, 1866, in-12, br.

694. — Curiosités bibliographiques, par G. Brunet. *Genève*, 1867, in-8, br.

695. — Le livre, par Jules Janin. *Paris, Plon*, 1870, gr. in-8, br.

696. — Le livre et la petite bibliothèque d'amateurs, essai de critique, d'histoire et de philosophie morale sur l'amour des livres, par Gustave Mouravit. *Paris, s. d.*, pet. in-8, pap. de Holl., br.

697. — A. Poulet-Malassis. Les ex-libris français depuis leur origine jusqu'à nos jours. *Paris*, 1875. 1 vol. in-8 de texte et atlas, gr. in-8, cart.
    Envoi d'auteur signé.

698. — Quelques femmes bibliophiles, par J. Gay. *Bordighèse*, 1875, pet. in-12, br.
    Tiré à très petit nombre.

699. — Saisie de livres prohibés faite au couvent des Jacobins à Lyon en 1694. *Turin, Gay*, 1876, pet. in-8. — Les livres cartonnés : essai bibliographique, par Philomneste junior (Gust. Brunet). *Bruxelles*, 1878, in-8, br. — Ens. 2 vol.

700. — Caprices d'un bibliophile, par Oct. Uzanne. *Paris, Rouveyre*, 1878, pet. in-8, pap. vergé, br.
    Envoi d'auteur signé.

701. — Connaissances nécessaires à un bibliophile par Ed. Rouveyre. *Paris*, 1879-80, 2 vol. pet. in-8, pap. vergé, br.

702. — Recherches bibliographiques sur des livres

rares et curieux, par le bibliophile Jacob. *Paris*, 1880, in-12, br.

703. — La Bibliomanie en 1878-83, par Philomneste junior (Gust. Brunet). *Bruxelles*, 1883, 4 vol. pet. in-8, br.

704. — Livres perdus : essai sur les livres devenus introuvables, par Philomneste junior (Brunet). *Bruxelles*, 1882, pet. in-8, br.

705. — Mélanges de bibliographie, 1782-1881, 10 vol. in-12 br. et rel.

> Tableau de la bibliothèque du roi, par Leprince. *Paris*, 1782. — Arrangement des bibliothèques, par Constantin. *Paris*, 1824. — Système de bibliographie alphabétique. *Paris*, 1822. — Some French bibliographies. *London*, 1881. — Catalogue des livres de la bibliothèque du roi Jean III Sobieski (publ. par le prince Alex. Lubomirski). *Cracovie et Varsovie*, 1879, in-16, br. — Etc...

706. — Mélanges de bibliographie, 1807-1836, 3 vol. in-8, br.

> Liste des auteurs morts jusqu'en 1865. — Répertoire de librairie, par Ravier, 1807. — Catalogue des ouvrages condamnés. 1836.

707. — Mémoire adressé à Mazarin, par Naudé. *Paris*, 1870. — Préface de la bibliothèque Mazarine, par Desmarais. *Paris*, 1867. — 2 vol. in-16, br.

708. — Francklin. — Recherches sur le collège des Quatre-Nations. *Paris*, 1862. — Bibliothèque publique de N.-Dame de Paris au XIIIᵉ siècle. *Paris*. 1863. — Recherches sur la bibliothèque de la faculté de l'école de médecine de Paris. *Paris*. 1864. — Histoire de la bibliothèque de l'abbaye de St-Victor. *Paris*, 1865. — Ens. 4 vol. pet. in-8, br.

> Envois d'auteur signés.

709. — Rapport adressé à S. Exc. le Ministre d'Etat au nom de la Commission instituée le 22 avril 1861 (pour la réorganisation de la Bibliothèque Nationale), par Fél. Ravaisson. *Paris*, 1862, in-8, br. — Essai histor. sur la bibliothèque du roi aujourd'hui Biblioth. Impér., par Le Prince, édit. publ. par L. Paris. *Paris*, 1856, in-12, br. — Ens. 2 vol.

710. — Histoire de la bibliothèque publique de Bordeaux, par Gergerei. *Bordeaux*, 1864, in-8, br.
Envoi d'auteur signé.

711. — Annaës da bibliotheca nacional do Rio de Janeiro. *Rio de Janeiro*, 1876-1879, 6 vol. gr. in-8, br.

712. — Recueil de pièces relatives à l'affaire Libri (1848-61), réunies en 2 vol. in-8, dem.-rel. v. antiq., tr. ébarb.
Cette collection formée avec soin par M. Paul Lacroix, comprend outre les brochures et factums pour et contre relatives à cette affaire, des pièces volantes très rares qu'il est fort difficile de se procurer.

713. — Catalogue hebdomadaire ou liste alphabétique des livres, cartes, musique, estampes, etc., qui sont mis en vente chaque semaine. *Paris*, 1764-1768, 5 vol. in-8, dem.-rel.

714. — Le Quérard. Archives d'histoire littéraire et de bibliographie. *Paris*, 1855-1856, 2 vol. in-8, cart.

715. — Le Bibliomane. *Londres*, 1861. — Le Bibliophile illustré, par Berjeau. *Londres*, 1862, gr. in-8 dem.-mar. Lavall., non rogné.

716. — Journaux bibliographiques, publiés par Gay, 1869-1876, *à San-Remo et Turin*, 6 vol. in-18, br.
Le Bibliophile fantaisiste. — Magazine mensuel, 1869. — Le Fantaisiste littéraire, philosophique et artistique. *San Remo*, 1814, 2 vol. in-12. — Analectes du bibliophile. *Turin*, 1876, 3 vol. in-12.

V. — BIBLIOGRAPHIES GÉNÉRALES ET SPÉCIALES.

717. — Bibliotheca universalis sive Catalogus omnium scriptorum locupletissimus in tribus linguis latina, græca et hebraïca, authore Conrado Gesnero Tigurino. *Tiguri, Froschover*, 1545, in-fol., v. br.

718. — Bibliotheca instituta et collecta primum a Conrado Gesnero aucta, par Jos. Simlerum et amplificata per Joh. Jac. Frisium Tigurinum. *Tiguri*, 1583, in-fol., vél.

719. — Bibliotheca Classica sive Catalogus officinalis in quo singuli singularum facultatum ac professionum libri qui in quavis fere lingua extant, ordine alphabetico recensentur, colligente ac disponente M. Georg. Draudio. *Francof.*, 1625, 2 tom. — Bibliotheca Exotica sive Catalogus officinalis librorum peregrinis linguis usualibus scriptorum quotquot in officinis Bibliopolarum indagari potuerunt et in Nundinis Francofurtensibus prostant ac venales habentur. La Bibliothèque universail (*sic*) contenant le catalogue de tous les livres qui ont esté imprimés ce siècle passé aux langues française, italienne, espaignole et autres qui sont aujourd'hui plus communes depuis l'an 1500 jusqu'à l'an présent 1624. A *Franfourt (sic), par Balthas. Ostern*, 1625, 3 tom. en 2 vol. in-4, vél.

Catalogue de livres mis en vente aux foires de Francfort aux xvie et xviie siècles. — Très important pour l'histoire de la bibliographie.

720. — Theoph. Georgii Europaisch Bucher-Lexicon. *Leipzig*, 1742-53, 5 tom. en 2 vol. in-fol., bas.

Répertoire bibliographique des plus importants.

721. — La France littéraire (par l'abbé d'Hébrail et divers), conten. les noms et les ouvrages des gens de lettres. *Paris*, 1757-1784, 8 vol. in-12 et in-8, v.

722. — Dictionnaire typographique des livres rares, par Osment. *Paris*, 1768, 2 vol. in-8, v. — Catalogue Legay. *Paris*, 1785, in-8, br. — Catalogue des accroissements de la bibliothèque royale de Belgique. *Bruxelles*, 1843-1851, in-8, dem.-rel. vél. bl. — Annuaire de la librairie. *Paris*, 1802. — Ens. 2 vol. in-8, d. bas.

723. — Bibliographie instructive, notice de quelques livres rares, par Los Rios, libraire à Lyon. *Avignon*, 1778, in-8, v.

724. — Bibliotheca historica instructa a B. G. F. Struvio, auct. a C. G. Budero, nunc vero a J. G. Meuselio digesta, amplificata et emendata. *Lipsiæ*,

1782-1802, 22 tom. en 11 vol. in-8, dem.-rel. vél.
bl., non rognés.

725. — La France littéraire de 1776 à 1791, par Ersch.
Hambourg, 1797, 3 vol. in-8, cart. — Supplément,
par Ersch. *Hambourg,* 1802, 2 vol. in-8, cart. —
Ens. 5 vol.

726. — Bibliographie. Dictionnaire des livres rares,
par Cailleau. *Paris,* 1790-1802, 4 vol. in-8. — Nouv.
dictionnaire bibliographique, par Dessessarts. *Paris,*
1804. — Traité de bibliographie, par Boulard. 1804.
— Dictionnaire de bibliographie, par Fournier.
Paris, 1809. Etc. — Ens. 10 vol. in-8.

727. — Dictionnaire des ouvrages anonymes et pseu-
donymes, par Barbier. *Paris,* 1806-1808, 4 vol.
in-8, v.
> Première édition contenant des passages qui n'ont pas été reproduits
> dans l'édition suivante.

728. — Répertoire bibliographique universel, par G.
Peignot. *Paris,* 1819, in-8, br.

729. — Dictionnaire des ouvrages anonymes et pseu-
donymes, par Barbier. Seconde édition. *Paris,*
1822-1827, 4 vol. in-8, dem.-rel. v. fauve.
> Exemplaire interfolié de papier blanc.

730. — Bibliographie biographico-romancière, par
Pigoreau, *Paris,* 1821. — Supplément au dictionnaire des romans, par Marc. *Paris,* 1824. — Ens. 2
vol. in-8, cart.

731. — Bibliographie moderne de la France. A–BOU,
par Quérard. *Paris,* 1826, in-8, dem.-rel. mar. bleu.
> Tout ce qui a paru de ce premier essai de la *France littéraire*

732. — La France littéraire, dictionnaire bibliographique des savants de la France et de l'étranger
qui ont écrit en français pendant les xviiie et xixe
siècles, par Quérard. *Paris,* 1827-1864, 12 vol. in-8,
dem.-rel. v. fauve.

733. — Bibliographie des journaux de la Révolution,
par Deschiens. *Paris,* 1829, in-8, dem.-rel. mar. n.

734. — Manuel du libraire et de l'amateur de livres, par Brunet. *Paris, Silvestre*, 1842-1843, 5 vol. gr. in-8, dem.-rel. mar. n.

735. — La littérature française contemporaine, XIXᵉ siècle, par Quérard et Bourquelot. *Paris*, 1842-1857, 6 vol. gr. in-8, dem.-rel. mar. vert, tranch. marbr.

736. — Bibliographie historique et topographique de la France, par Girault de Sᵗ-Fargeau. *Paris*, 1845, in-8, dem.-rel. v. fauve.

737. — Bibliothèque poétique de Viollet Le Duc. Catalogue, avec des notes bibliographiques. *Paris*, 1843-1847, 2 tom. en un vol. in-8, dem.-rel. mar. Laval., non rogné.

738. — Bibliographie historique de Lyon pend. la Révolution, par Gonon. *Lyon*, 1844, in-8, dem.-rel. vél. bl.

739. — Catalogue des écrits, gravures et dessins condamnés depuis 1814 jusqu'en 1850. *Paris*, 1850, in-12, br. — Catalogue des ouvrages condamnés. *Paris*, 1874, in-8, br. — Catalogue des journaux publiés ou paraissant à Paris, par V. Gébé. *Paris*, 1881, in-18, pap. de Holl., br. — Ens. 3 vol.

740. — Bibliographie bibliographique universelle. Dictionnaire des ouvrages relatifs à l'histoire de la vie des personnes de toutes les nations, par Œttinger. *Bruxelles*, 1854, gr. in-8 à 2 col., dem.-rel. mar. vert.

741. — Nouveau Manuel de bibliographie universelle, par F. Denis, Pinçon et de Martenne. *Paris*, 1857, gr. in-8, br.

742. — Dictionnaire de bibliographie catholique, par Pérennès, suivi d'un dictionnaire de bibliologie, par Brunet, de Bordeaux, publ. par l'abbé Migne. *Paris*, 1858-60, 5 vol. gr. in-8, br.

743. — Essai de bibliographie du théâtre ; catalogue

de la bibliothèque d'un amateur complétant le catalogue Soleinne. *Paris*, 1861, in-8, dem.-rel. mar. r.

744. — Cazin, sa vie et ses éditions, par un Cazinophile (Brissart-Binet). *Cazinopolis (Reims)*, 1863, in-16, br.

745. — Annales de l'imprimerie Elzévirienne, par Ch. Pieters. *Gand*, 1851, in-8, dem.-rel. mar. r., non rogné.

> Envoi d'auteur signé.

746. — Bibliographie des Mazarinades, publiée par C. Moreau. *Paris*, 1850-1851, 3 vol. gr. in-8, br.

747. — Nouveau Spon. Manuel du bibliophile et de l'archéologue lyonnais (par Monfalcon). *Lyon*, 1857, in-8, br.

748. — Catalogue de la librairie française au XIXᵉ siècle, par Chéron. *Paris*, 1856-1857, 3 vol. gr. in-8, dem.-rel. v. f.

> Lettres A-COET : tout ce qui a paru.

749. — Catalogue annuel de la librairie française publié par Reinwald. *Années* 1858-1859-1860–1861-1862–1864-1865–1866–1868. — 9 vol. in-8, cart.

750. — Bibliographie Gantoise, recherches sur la vie et les travaux des imprimeurs de Gand, par Vanderhaeghen. *Gand*, 1858-1869, 7 vol. gr. in-8, br.

> Envoi d'auteur signé.

751. — Bibliotheca dramatica, by W. Burton. *New-York*, 1860, in-8, vél. bl.

752. — Bibliographie des principaux ouvrages relatifs à l'amour, aux femmes, au mariage. *Paris*, 1861, in-8, br.

> Première édition.

753. — Bibliographie des ouvrages relatifs à l'amour, aux femmes, au mariage, par le Cᵗᵉ d'I. *Paris*, *Gay*, 1864, gr. in-8, br.

754. — Bibliographie des ouvrages relatifs à l'amour, aux femmes et au mariage et des livres facétieux, par le comte d'I. (Gay, père et fils). *Turin*, 1871-1872, 6 vol. pet. in-12, br.

755. — Bibliothèque héraldique de la France, par Guigard. *Paris*, 1861, in-8, dem.-rel. mar. noir.

756. — Livres liturgiques du diocèse de Troyes, imprimés au xve et xvie siècle, par A. Socard et Assier. *Troyes*, 1863. — Livres populaires, Noëls et Cantiques imprimés à Troyes depuis le xviie siècle jusqu'à nos jours, par A. Socard. *Troyes*, 1865. — Livres populaires imprimés à Troyes de 1600 à 1800. Hagiographie. Ascétisme, par A. Socard. *Troyes*, 1864. — Ens. 3 vol. gr. in-8, nombr. fig. s. bois, br.

757. — Bibliographie de Chrestien de Troyes, par Potvin. *Bruxelles*, 1863, in-8, br.

758. — Bibliographie du Jeu des échecs, par Gay. *Paris*, 1864, pet. in-12, br.

759. — La France littéraire au xve siècle, par G. Brunet. *Paris*, 1865, in-8, br.

760. — Imprimeurs imaginaires et libraires supposés, par G. Brunet. *Paris*, 1866, in-8 br.

761. — Bibliographie historique et critique de la presse périodique française, par Hatin. *Paris*,1866, gr. in-8, br.

762. — Les supercheries littéraires dévoilées, par Quérard. — Dictionnaire des ouvrages anonymes, par Barbier. Nouvelle édition. *Paris*, 1867-1878, 14 parties gr. in-8, br.

763. — Guide de l'amateur de livres à vignettes du xviiie siècle, seconde édition, par Cohen. *Paris*, 1873, in-8, br.

764. — Livres perdus et exemplaires uniques. *Bordeaux*, 1875. — Livres à clefs. *Bordeaux*, 1873. — Ens. 2 vol. in-8, br.

Ouvrages publiés par M. Gust. Brunet sous le nom de Quérard.

765. — Les Elzévirs de la Bibliothèque de l'Université de Varsovie, par Stan. Jos. Siennicki. *Varsovie*, 1874, in-8, cart.

Envoi d'auteur.

766. — Bibliographie des ouvrages relatifs à l'Afrique et à l'Arabie, par Gay. *San-Remo*, 1875, in-8, br.

767. — Bibliographie Cornélienne ou descrip. raisonnée de toutes les éditions des œuvres de P. Corneille, imitations, traductions, etc., par E. Picot. *Paris*, 1876, in-8, br.

Envoi d'auteur signé.

768. — Guide de l'amateur de livres à figures et à vignettes du XVIIIe siècle, par Cohen. Troisième édition, refondue par Ch. Mehl. *Paris*, 1876, gr. in-8, br.

769. — Bibliographie des ouvrages relatifs aux pèlerinages, miracles, etc., imprimés en France et en Italie en 1875. *Turin, Gay*, 1876, in-12, br.

770. — Livres payés en vente mille francs et au-dessus, depuis 1866, par Philomneste junior (G. Brunet). *Bordeaux*, 1877, in-8, br.

771. — Index Librorum Prohibitorum being notes bio-biblio-icono-graphical and critical on curions and uncommon books by Pisanus Fraxi (Ashbee). *London, Privately printed*, 1877. — Centuria librorum absconditorum, etc. by thesame. *London.* 1879. — Ens. 2 vol. in-4, frontispices gravés, dem.-rel. mar. r., dorés en tête, non rognés.

772. — Description des livres de liturgie imprimés aux XVe et XVIe siècles, fais. partie de la bibliothèque de S. A. Charles de Bourbon, comte de Villafranca, par Anat. Alès. *Paris*, 1878, gr. in-8, br.

Livre remarquable, tiré à très petit nombre et non mis dans le commerce.

773. — Bibliographie Moliéresque de Poche (par P. Deschamps). *Paris*, 1878, in-12, br.

Tirage à part et en grand papier de l'article *Molière* contenu dans le *Supplément au Manuel du Libraire*.

774. — Catalogue des ouvrages, écrits et dessins, poursuivis, supprimés et condamnés, depuis le 21 octobre 1814 jusqu'au 31 juillet 1877, par Drujon. *Paris*, 1879, gr. in-8, br.

775. — Les Elzevier. Histoire et annales typographiques, par Willems. *Bruxelles*, 1880, in-8, cart.
Envoi d'auteur signé.

776. — Bibliographie générale des Gaules, par Ch.-Em. Ruelle. *Paris*, 1880-1884, 3 fascicules in-8, br.
Tout ce qui a paru.

777. — Bibliographie artistique, historique et littéraire de Paris, par V. Dufour. *Paris*, 1882, in-8, br.
Envoi d'auteur signé. — Exemplaire en GRAND PAPIER.

VI. — CATALOGUES.

778. — Catalogus bibliothecæ Tuanæ a fratris Puteanis distributis, et Ism. Bullialdo digestus. *Parisiis*, 1679, 2 vol. in-8, v.

779. — Bibliotheca Duboisiana. Catalogue de la bibliothèque du cardinal Dubois, recueillie ci-devant par l'abbé Bignon. *La Haye, J. Swart et P. de Hondt*, 1725, 4 vol. in-12, v.

780. — Catalogus librorum bibliotheca Colbertinæ. *Parisiis*, 1728, 3 vol. in-12, v. (*Prix.*)

781. — Bibliotheca Turgotiana, seu catalogus librorum bibliothecæ D. B. Turgot de St-Clair, episcopi Sagiensis. *Parisiis, G. Martin*, 1730, in-12, v. (*Prix.*)

782. — Catalogue des livres du cabinet de M** (de Cangé). *Paris*, 1733, 1 vol. — Bibliotheca Bigotiana seu catalogus libror. Joann., Nicol. et Emer. Bigot. *Parisiis*, 1706. — Ens. 2 vol. in-12, rel.

783. — Bibliotheca Menarsiana ou catalogue de la bibliothèque de J. Charron, marquis de Ménars.

La Haye, 1720, in-12, v. — Catalogue de la bibliothèque du marquis de Ménars. *Paris*, 1782, in-8, dérelié.

784. — Catalogue de la bibliothèque du château de Rambouillet (avec additions manuscrites). *Paris*, 1736, in-8, dem.-rel.

> Les livres de ce catalogue n'ont pas été vendus à l'époque et sont restés la propriété de la famille d'Orléans jusqu'au moment de la confiscation de leurs biens après la Révolution de 1848. On y voyait une collection remarquable de romans de chevalerie qui avait été transportée avec le reste de la collection au Palais-Royal.

785. — Catalogus bibliothecæ Comitis Caroli de Hoym legati regis Augusti II regis Poloniæ digestus G. Martin. *Parisiis*, 1738, in-8, v. (*Prix.*)

786. — Catalogue de la bibliothèque du Grand Conseil, par Boudot. *Paris*, 1739, in-8, v.

787. — Catalogue des livres de la bibliothèque du maréchal duc d'Estrées. *Paris*, 1740-1760, 3 vol. in-8, v.

788. — Catalogues de livres vendus aux enchères. XVIIIe siècle. — 10 vol. in-8, reliés. (*La plupart avec prix.*)

> Catalogue Lancelot. 1741. — Marlle, doyen de Cambrai. 1775. — Filharl. 1779. — Turgot. 1782. – De Meyzieu. 1779. — Girardot de Préfond. 1757. — Baron d'Heiss. 1782. — Pinelli, 1789. — Etc.

789. — Catalogue des livres de l'abbé de Rothelin, par Gabr. Martin. *Paris*, 1746, in-8, v. (*Prix.*)

790. — Catalogue de la bibliothèque de Secousse. *Paris*, 1755, in-8, v. (*Prix.*)

791. — Catalogue de la bibliothèque de Falconnet, médecin du Roi. *Paris*, 1763, 3 vol. in-8, v.

792. — Catalogue de la bibliothèque des ci-devant Jésuites du collége de Clermont. *Paris*, 1764, in-8, v. (*Prix.*)

793. — Catalogue des livres imprimés et manuscrits de M. le comte de Pont-de-Vesle, conten. une collection presque universelle de pièces de théâtre. *Paris*, 1774, in-8, v.

794. — Catalogue des livres du cabinet de feu Randon de Boisset. *Paris*, 1777, in-12, cart., non rogné. (*Prix.*)

795. — Catalogues de bibliothéqués du xviiie siècle. — 10 vol. in-8, rel. *(La plupart avec prix.)*
Catalogues La Vrillière. 1777. — Querlon. 1781. — De Fontenu.1760. — Du Fay. 1725. — Guyon de Sardière. 1759. — De Selle. 1761. — Sandras. 1771. — Caillard. 1810. — Patu de Mello. — Etc.

796. — Catalogue de la bibliothèque du marquis de Courtanvaux. *Paris*, 1782, in-8, v. (*Prix.*)

797. — Catalogues des livres de la bibliothèque de M. le duc de La Vallière, par Debure et Nyon, libraires. *Paris*, 1783-1784, 9 vol. in-8, dem.-rel. vél bl. — Catalogue des livres proven. de la bibliothèque de M. L. D. D. L. V. (M. le duc de La Vallière), par G.-F. de Bure. *Paris*, 1867, 2 tom. en un vol. in-8, dem.-rel. mar. r., 1 vol. — Ens. 10 vol.

798. — Catalogue des livres de la bibliothèque de d'Aguesseau. *Paris*, 1785, in-8, dem.-rel. (*Prix.*)

799. — Catalogue des livres de la bibliothèque des avocats au Parlement de Paris. *S. l., n. d. (vers 1785)*, 2 vol. in-8, dem.-rel.
Ce catalogue n'a pas d'autre titre que le titre de départ.

800. — Catalogues de bibliothèques du xviiie siècle. — 7 vol. in-8, rel. *(La plupart avec prix.)*
Catalogue des livres rares et singuliers de l'abbé Sépher. *Paris, Fournier*, 1786. — Catalogue de Chastre de Cangé de Billy. *Paris*, 1784. — Catalogue des livres de l'abbé Aubry, curé de St-Loüis-en-l'Isle. *Paris*, 1785, et autres en 1 vol. — Catalogue des livres précieux de Gouttard. *Paris*, 1780. — Catalogue du présid. Bern. de Rieux. *Paris*, 1747. — Catalogue des livres de De La Leu. *Paris*, 1775. — Catalogue des livres de feu M** (Paris de Meyzieu). *Paris*, 1760. — Bibliotheca Lambertina seu catalogus libror. Ms. Lambert, præsidio in suprema Curia. *Parisiis*, 1730.

801. — Catalogue des livres du maréchal de Richelieu. *Paris*, 1788, in-8, br.

802. — Catalogues de bibliothèques, xviiie siècle. 10 vol. in-8, rel. *(La plupart avec prix.)*
Catalogues des bibliothèques Soubise. 1789. — Duc de Chaulnes.

1770. — De Courtanvaux. 1782. — Glue de St-Port. 1749. — De Boze. 1753. — Gouttard. 1780. — Lallemant de Betz. 1774. — De Charost. 1742. — Etc.

803. — Catalogue de la bibliothèque de Crévenna. *Amsterdam*, 1789, 4 part. en 2 vol. in-8, v. viol. (*Aux armes de Morante.*)

804. — Catalogue de la bibliothèque de Lamoignon. *Paris*, 1791, 2 vol. in-8, dem.-rel. vél. bl.

805. — Catalogues de livres et de bibliothèques vendus en ventes publiques de 1771 à 1819. — Recueil formant 18 vol. in-8, dem.-rel. bas.

806. — Index librorum ab inventa typographia ad annum 1500 chronologicè dispositus Fr. Laire. *Senonis*, *Tarbé*, 1791, 2 vol. in-8, dem.-rel. vél. bl., non rog.

Catalogue de la bibliothèque de Brienne, archev. de Sens.

807. — Livres du boudoir de la reine Marie-Antoinette, catalogue authentique publ. pour la prem. fois, par L. Lacour. *Paris, Gay*, 1862, pet. in-12. br.

808. — Bibliothèque de la reine Marie-Antoinette au Petit-Trianon, d'après l'inventaire dressé par ordre de la Convention, publié par P. Lacroix. *Paris*, 1863, pet. in-12, br.

809. — Catalogue des livres de Madame Du Barry, avec les prix. A Versailles, 1771. Reproduction du manuscrit original, avec notes, par P.-L. Jacob. *Paris*, 1874, pet. in-12, br.

810. — Catalogue des livres de Mercier de S. Léger. *Paris, an VIII.* — Notice sur Mercier de S. Léger, par Chardon de la Rochette. *An VII*, in-8, dem.-rel.

811. — Catalogue de la bibliothèque La Serna Santander. *Bruxelles*, 1803, 5 vol. in-8, avec fac-simile, v.

812. — Catalogue de la bibliothèque de Mac-Carthy. *Paris*, 1815. 2 vol. in-8, dem.-rel. vél. bl.

813. — Catalogue de la bibliothèque de la Cour de

Cassation. *Paris*, 1824, 3 vol. in–8, dem.-rel. vél. bl.

814. — Catalogue de la bibliothèque Boulard. *Paris*, 1828, 5 vol. in–8, dem.-rel. v. fauve.

815. — Catalogue des livres composant la bibliothèque de Bordeaux. *Paris*, 1830-1848, 5 vol. in–8, dem.-rel. vél. blanc. — Bibliothèque de la Chambre de commerce. *Paris*, 1861, in–8, br. — Ens. 5 vol.

816. — Bibliotheca Hulthemiana. Catalogue d'une précieuse collection de livres de Van Hulthem. *Gand*, 1836, 6 vol. in–8, dem.-rel. v. rouge.

817. — Catalogue des livres composant les bibliothèques du département de la marine et des colonies. *Paris*, 1838-1843, 5 vol. gr. in-8, br.

818. — Catalogue de la bibliothèque de Clermont-Ferrand, par Gonod. *Clermont*, 1839, gr. in-8, dem.-rel. mar. noir.

819. — Catalogue de la bibliothèque du baron Sylv. de Sacy, rédigé par Merlin. *Paris*, 1842, 3 vol. in-8, dem.-rel. vél. bl.

820. — Catalogue de la bibliothèque Huzard, par Leblanc. *Paris*, 1842, 3 vol. in-8, dem.-rel. vél. bl.

821. — Catalogue des livres imprimés, manuscrits, estampes, dessins et cartes à jouer composant la bibliothèque Leber. *Paris*, 1839-1852, 4 vol., dem.-rel. vél. bl.

822. — Catalogue des livres de M. Vivenel. *Paris*, 1844, in-8, br.

> Envoi d'auteur signé. — Ce catalogue illustré n'a été tiré qu'à 100 exemplaires.

823. — Catalogue de la bibliothèque dramatique de M. de Soleinne, par P. Jacob, bibliophile. *Paris*, 1844-1846, 5 vol. — Catalogue de la bibliothèque dramatique de Paul de Vesle, par le bibliophile Jacob. *Paris*, 1846, 1 vol. — Ensemble 6 vol. in-8, dem.-rel.

824. — Collection des catalogues des ventes Libri faites à Paris et à Londres. 1847-1861. — Ensemble 6 vol. in-8, dem.-rel. vél. bl.

825. — Catalogue des livres imprimés de la bibliothèque de Mons. *Bruxelles*, 1852, 2 vol. in-8, br.

826. — Catalogue de la bibliothèque théâtrale de J. de Filippi. *Paris*, 1861, in-8, dem.-rel. vél. bl.

827. — Description de la collection Labédoyère sur la Révolution française, par France. *Paris*, 1862, in-8, br.

828. — Catalogue de la bibliothèque de Léopold Double. *Paris*, 1863, gr. in-8, rel. pleine en mar. rouge du Levant, tr. dor. (*Hardy-Mesnil.*)
Bel exemplaire tiré sur PAPIER DE HOLLANDE.

829. — Bibliothecæ Bernensis librorum typis editorum Catalogus. *Bernæ*, 1764, 2 vol. in-8, v.

830. — Catalogue de mes livres (par N. Yemeniz). *Lyon, L. Perrin*, 1865-66, 3 vol. pet. in-4, b.
Hommage de M. Yemeniz à M. Paul Lacroix.

831. — Catalogue de la bibliothèque du comte de Lescalopier. *Paris*, 1866, 3 vol. gr. in-8, br.

832. — Catalogue de la bibliothèque du Sénat (par Gallois). *Paris*, 1868, in-8, cart.

833. — Bibliothèque Ouvaroff. Sciences secrètes. Catalogue revu par Ladrague. *Moscou*, 1870, in-4, dem.-rel. mar. r. (*Tiré à 75 exemplaires.*)

834. — Catalogue de la bibliothèque du château de Mouchy, par L. Téchener. *Paris*, 1872, gr. in-8, dos et coins de mar. rouge, tête dorée, non rog.
Imprimé à CENT EXEMPLAIRES et non mis dans le commerce.

835. — Catalogues et descriptions de livres. — 4 vol. in-16 et in-12, br.
Description d'un choix de livres faisant partie de la bibliothèque d'un amateur bordelais (M. H. Bordes). *Bordeaux, pour l'auteur.* 1872, in-16, caract. antiq., pap. de Hollande, br. (*Tiré à très petit nombre et non mis dans le commerce.*) — Catalogue d'une petite collection de livres rares manuscrits et imprimés (du marquis de Ganay). *Paris*,

Jouaust, 1877, in-16, caract. elzévir., pap. vergé, br. (*Catalogue non destiné au commerce.*) Cabinet d'un bibliophile Rémois (Brissart-Binet). *Strasbourg*, 1862, in-12, gr. pap. de Holl., br. (*Envoi d'auteur.*) - Mes livres (par Quentin-Bouchard). *Paris*, 1877, in-12, br. (*Envoi d'auteur.*)

836. — Notice biographique sur le comte de Lurde, suivie du catalogue de sa bibliothèque, par le baron Alphonse de Ruble. *Paris*, 1875, gr. in-8, pap. vélin, br.

Tiré à 60 exemplaires et non mis dans le commerce. — Envoi d'auteur signé.

HISTOIRE

I. — GÉOGRAPHIE. — VOYAGES.

837. — Voyage dans la Suisse française et le Chablais, par de Bougy. *Paris*, 1860, in-12, br.

838. — Descript. de l'univers, conten. les plans et profils des princip. villes, avec les portraits des souverains, blasons, titres et livrées, par Alain Manesson Mallet. *Paris*, 1683, 5 vol. in-8, fig., v.

839. — L'Egypte à petites journées, études et souvenirs par Arthur Rhoné. *Paris*, 1878, gr. in-8, fig., br.

Envoi d'auteur.

840. — Le Congo. La véridique descript. du royaume Africain appelé tant par les indigènes que par les Portugais le Congo, par Phil. Pigafetta, trad. par L. Cahun. *Bruxelles*, 1883, pet. in-8, pap. de Holl., br.

841. — Calcoen a Dutet narrative of the second voyage of Vasco da Gama to Calicut printed at Antwerp circa 1504, with introduction and translation by J. Ph. Berjeau. *London, B. M. Pickering* 1874, pet. in-4, cart. en toile angl., non rog.

842. — Relation du voyage du capitaine de Gonneville ès terres des Indes (1503), publ. par D'Avezac. *Paris*, 1869, in-8, br.

843. — Malaca, l'Inde Méridionale et le Cathay, manuscrit original autographe de Godinho de Eredia, apparten. à la Biblioth. Roy. de Bruxelles, reprod. en fac-simile et trad. par L. Janssen, avec préface de Ch. Ruelens. *Bruxelles*, 1882, in-4, pap. de Holl., br.

> Tiré à 120 exemplaires numérotés. N° 17.

844. — Voyage pittoresque dans les grands déserts du Nouveau-Monde, par l'abbé Em. Domenech, missionnaire apostolique. *Paris, Morizot*. 1862, gr. in-8, fig., br.

> Envoi d'auteur signé : « *A mon meilleur ami, M. Paul Lacroix.* »

II. — HISTOIRE DE FRANCE.

845. — Topographia Galliæ. (Description de la France, texte hollandais). *Amsterdam, J. Van Meurs*, 1662, 5 vol. pet. in-12, nombr. plans et vues de villes et châteaux de France, vél.

> Abrégé et réduction de la *Topographia Galliæ* de Mérian. — Les planches concernant Paris sont particulièrement curieuses. On y voit la représentation d'une foule d'édifices et de monuments aujourd'hui détruits.

846. — Le Conducteur français, conten. les routes et diligences des services par les messageries. *Paris*. 1779, 6 vol. in-8, dem.-rel.

847. — Dictionnaire géographique, historique, industriel et commercial de la France, par Girault de S. Fargeau. *Paris*, 1851, 3 vol. in-4, br.

848. — Extraits des auteurs grecs, contenant la géographie et l'histoire des Gaules, par Cougny. *Paris*. 1878-1883, 4 vol. in-8, br.

849. — Les antiquitez et histoires gauloises et françoises recueillies par le président Fauchet. *Genève. Paul Marceau*, 1611, in-4, v.

850. — Dissertation sur l'origine des Francs Saliens, par Peppe. *Anvers, an XIII*, in-8, curieuse reliure du temps en mar. r., avec emblèmes.

851. — Bibliothèque historique de la France par le P. Jacq. Lelong, édit. revue par Fouet de Fontette. *Paris*, 1769-78, 5 vol. in-fol., rel.

Les 4 prem. volumes sont en veau plein, aux armes de France : le tome V, contenant les additions et les tables, est en demi-reliure.

852. — Histoire de France, par Henri Martin. *Paris*. 1855-1860, 17 vol. gr. in-8, fig., br.

853. — Histoire de France d'après les documents originaux et les monuments, par Bordier et Charton. *Paris*, 1860. 2 vol. gr. in-8. dem.-rel. mar. v.

854. — Collection des meilleures dissertations, notices et traités particuliers relatifs à l'histoire de France, publ. par Leber. *Paris*, 1838, 20 vol. in-8, br.

855. — Les monuments de l'histoire de France, catalogue des productions de la sculpture, de la peinture et de la gravure, relatives à l'histoire de France et des Français, par Hennin. *Paris*, 1856-1863, 10 vol. gr. in-8, br.

856. — Bibliothèque des mémoires relatifs à l'histoire de France pendant le xviiie siècle, publ. par Barrière. *Paris, Didot*, 1857-1869. 24 vol. in-12, br.

Mémoires de Bezenval. — Marmontel. — Clery-Weber. — Mme Rolland. — Richelieu. — Dumouriez. — Alfieri. — Duclos. — Linguet. — Etc.

857. — Nouvelle collection des mémoires relatifs à l'histoire de France depuis le xiiie siècle jusqu'à la fin du xviiie siècle, publ. par Michaud et Poujoulat. *Paris*. 1866. 34 vol. gr. in-8 à 2 col., ornés de plus de 100 portr. gr., br.

858. — Documents historiques inédits, publ. par Champollion-Figeac. *Paris*, 1841-1848, 4 vol. in-4, br., avec table. — Seconde série publ. par divers. *Paris*, 1873-1883, 4 vol. in-4, cart.

859. — Privilèges accordés à la Couronne par le St-Siège. *Paris*, 1855, in-4, cart.

860. — Annuaire-Bulletin de la Société de l'Histoire de France. *Paris*, 1863-1882, 19 vol. in-8, br.

861. — Notices et documents publiés par la Société
de l'Histoire de France, à l'occasion du 50ᵉ anni-
versaire de sa fondation, précéd. d'une introduction
par Ch. Jourdain, de l'Institut. *Paris*, 1884, in-8, br.

862. — La conqueste de Constantinople par Geoffroi
de Villehardouin, avec la continuation de Henri de
Valenciennes, publ. par N. de Wailly. *Paris, Didot*,
1872, gr. in-8, br.
Envoi d'auteur signé.

863. — Mémoires de Joinville, publ. par Francisque
Michel *Paris*, 1858, in-12, br. — Etudes sur la vie
de Joinville, par A.-Firmin Didot. *Paris*, 1870,
in-8, fig., br. — Credo de Joinville. *Paris*, 1870,
in-8, br. — Ens. 3 vol.
Envoi d'auteur.

864. — Histoire de S. Louis, par Joinville, publ. par
De Wailly. *Paris*, 1868, in-8, br.

865. — Récits d'un ménestrel de Reims au xiiiᵉ siècle,
publ. par De Wailly. *Paris*, 1876, in-8, br.

866. — Les Grandes Chroniques de France, publ. par
Paulin Paris. *Paris, Téchener*, 1836–1838, 6 vol.
in-8, br.

867. — Partie inédite des Chroniques de St-Denis,
publ. par le baron Jérôme Pichon. *Paris*, 1864, gr.
in-8, br.

868. — Choix de chroniques et mémoires relatifs à
l'histoire de France, publ. par Buchon. *Paris et
Orléans*, 1875, 4 vol. — Chroniques étrangères relatives aux expéditions lointaines françaises pendant le xiiiᵉ siècle, publ. par J. A. C. Buchon.
Paris, 1875, 1 vol. — Ens. 5 vol. gr. in-8, br.
De la collection du *Panthéon Littéraire*.

869. — Œuvres complètes de Froissart, publ. par le
baron Kervyn de Lettenhove. *Bruxelles*, 1869-1872,
32 vol. gr. in-8, br.

870. — Chronique d'Ernoul et de Bernard-le-Trésorier,
publiée par De Mas Latrie. *Paris*, 1871, in-8, br.

871. — La chronique du bon duc Loys de Bourbon, publ. par Chazaud. *Paris*, 1876, in-8, br.

872. — Chronique de J. Le Fèvre, seigneur de St-Remy, d'après le manuscrit de Boulogne-s.-Mer, publ. par Morand. *Paris*, 1876-1881, 2 vol. in-8, br.

873. — Histoire de Du Guesclin et de son époque, par Luce (1320-1364). *Paris*, 1876, in-8, br.

874. — Histoire de Charles VII, roy de France, par Jean Chartier, sous-chantre de St-Denys, Jacques Bouvier dit Berry, roy d'armes, Mathieu de Coucy et autres auteurs du temps publ. par Godefroy. *Paris, Imprim. Royale*, 1761, in-fol., v. br. (*Aux Armes de France.*)

875. — Jeanne d'Arc, la Vierge de Lorraine, par De Knobelsdorf, prussien, trad. en français par V. Dufour. *Orléans*, 1879, in-8, br.

876. — C'est de Jehanne la Pucelle, légende de la fin du xve siècle. *Paris*, 1833, 2 vol. in-8, br.

877. — Œuvres de G. Chastelain, publ. par le baron Kervyn. *Bruxelles*, 1863-1865, 7 vol. in-8, br.

878. — Correspondance de Charles VIII et de ses conseillers avec Louis II de la Trémoille pendant la guerre de Bretagne (1488), publ. d'après les originaux par Louis de la Trémouille. *Paris*, 1875, gr. in-8, pap. de Holl., br.

Tiré à petit nombre et non mis dans le commerce. — Envoi de M. de la Trémouille à M. P. Lacroix.

879. — La description et ordre du camp et joustes des rois de France et d'Angleterre, l'an mil 1520. *Paris*, 1864, in-12, br.

Tiré à très petit nombre.

880. — Chronique du roy Françoys Ier, publiée par J. Guiffrey. *Paris*, 1860, in-8, br.

881. — François Ier (1494-1547), par M. de Lescure. *Paris, Ducrocq*, 1878, gr. in-8, fig., br.

882. — Le Tigre de 1560 reproduit en fac-simile,

avec des notes historiques et bibliographiques, par Ch. Read. *Paris*, 1875, in–8, br.

883. — Mémoires de Cl. Haton, conten. le récit des événements accomplis de 1553 à 1582, publ. par Bourquelot. *Paris*, 1857, 2 vol. in-4, cart.

884. — Mémoires inédits de Michel de la Huguerye, 1570-1602, publ. par le baron de Ruble. *Paris*, 1877-1880, 3 vol. in–8, br.

885. — Documents inédits pour servir à l'histoire de la Réforme et de la Ligue. Matériaux pour l'histoire de la réaction féodale en France aux XVIe et XVIIe siècles, par Jean Loutchisky. *Kiew*, 1875, in-8, br.

    Envoi d'auteur signé.

886. — Commentaires de Blaise de Montluc, maréchal de France, publ. par Buchon. *Paris*, 1875, gr. in–8, br.

887. — Société de l'Histoire de France. *Paris*, 1870-1883, 5 vol. in-8, br.

    Mémoires de Montluc (1870-1872), tomes 4 et 5. — Mémoires d'Olivier de la Marche, 1883, tom. Ier. — Lettres de Louis XI. *Paris*, 1883, tom. Ier. — Mémoires du maréchal de Villars. *Paris*, 1884, tom. Ier.

888. — Mémoires de Condé, conten. ce qui s'est passé de plus mémorable en Europe, servant de preuves à l'histoire de De Thou. *Amsterd.*, 1743, 6 vol. in-4, v. m.

889. — Volumes séparés de la collection des documents inédits sur l'Histoire de France. *Paris*, 1839-1881, 9 vol. in-4, cart.

    Rapports au Ministre. 1839, in-4. — Lettres de Catherine de Médicis. Tome Ier. *Paris*, 1880. — Comptes des bâtiments du roi sous Louis XIV. Tome Ier. *Paris*, 1881. — Mémoire des intendants sur les généralités. Tome Ier. *Paris*, 1881. —Mémoires sur la succession d'Espagne. Tome XI. *Paris*, 1862. — Monuments inédits de l'histoire du Tiers-Etat. Tome IV. *Paris*, 1870. — Appendice du Cartulaire de S. Bertin. *Paris*, 1867. — Monographie de N.-D. de Chartres. Explication des planches. *Paris*, 1881. — Statistique monumentale de Paris. Explication des planches. *Paris*, 1867.

890. — Mémoires de la Ligue, contenant les événe-

ments les plus remarquables depuis 1576 jusqu'en 1598, édition augmentée, publ. par Lenglet et Dufresnoy. *Amsterdam*, 1758, 6 vol. in-4, v. marbr.

891. — Lettres d'Antoine de Bourbon et de Jeanne d'Albret, publ. par le Mis de Rochambeau. *Paris*, 1877, in-8, br.

892. — Lettres inédites de Henri IV au chancelier de Bellièvre. (1581-1601), publ. par Halphen. *Paris*, 1872, in-8, br.

> Envoi d'auteur.

893. — Histoire du règne de Henri IV, par Poirson. *Paris*, 1866, 4 vol. in-12, br. et atlas in-4, br.

> Envoi d'auteur signé.

894. — De Lescure. Henri IV, 1553-1610, avec 10 gravures sur acier par Léop. Flameng. *Paris, Ducrocq*, 1874, gr. in-8, br.

> Envoi autographe signé.

895. — Documents sur l'histoire de France. *Paris*, 1861-1879, 9 vol. in-4, cart.

> Lettres missives de Henri IV. Supplément par Guadet. 1872-1876. 2 vol. — Lettres et papiers du cardinal de Richelieu, publiés par Avenel. Tomes IV, V, VI, VII, VIII. 1863-1877. 5 vol. — Lettres du cardinal Mazarin, publiées par Chéruel. *Paris*, 1872-1879. 2 vol.

896. — Daniel Chamier (1564-1621), journal de son voyage à la Cour et sa biographie, par Ch. Read. *Paris*, 1858, in-8, br.

897. — Journal de J. Héroard sur la jeunesse de Louis XIII (1601-1628), extr. des manuscrits originaux, par Soulié. *Paris*, 1868, 2 vol. in-8, br.

898. — Négociations relatives à la conférence de Loudun, publ. par Bouchitté. *Paris*, 1862, in-4, cart.

899. — Historiettes de Tallemant des Réaux. Seconde édition publ. par De Montmerqué. *Paris*, 1840, 10 tomes en 5 vol. in-12, dem.-rel.

900. — Les Historiettes de Tallemant des Réaux, publ. par de Montmerqué et Paulin Pâris. *Paris*, *Téchener*, 1854-60, 9 vol. in-8, br.

901. — Journal de ma vie. Mémoires du maréchal de Bassompierre. Édition conforme au manuscrit original, publié par le marquis de Chanterac. *Paris*, 1870-1877, 4 vol. in-8, br.

902. — Mémoires de Édouard Lord Herbert de Cherbury, ambassadeur en France sous Louis XIII, trad. pour la prem. fois en français par le comte de Baillon. *Paris, Téchener*, 1863, in-4, pap. de Holl., br.

903. — Mémoires inédits et opuscules de Jean Rou (1638-1711), publ. par F. Wadington. *Paris*, 1857, 2 vol. gr. in-8, br.

904. — Mémoires de M. Goulas, gentilhomme du duc d'Orléans, publiés par Constant. *Paris*, 1879-1882, 3 vol. in-8, br.

905. — Mémoires de madame de Mornay, édition revue sur les manuscrits par Mme de Witt, née Guizot. *Paris*, 1868-1869, 2 vol. in-8, br.

906. — Madame de La Vallière et Marie-Thérèse d'Autriche, femme de Louis XIV, par l'abbé Duclos. *Paris*, 1869, in-8, br.
  Envoi d'auteur signé.

907. — Journal d'O. Lefèvre d'Ormesson et extraits des Mémoires d'André Lefèvre (1643-1672), publiés par Chéruel. *Paris*, 1857, 2 vol. in-4, cart.

908. — Relation de la Cour de France en 1690, par Spanheim, publ. par Schefer. *Paris*, 1882, in-8, br.

909. — Mémoires F. Foucault, publiés par Baudry. *Paris*, 1862, in-4, cart.

910. — L'Homme au masque de fer, par Regnault-Warin. *Paris*, 1804, 4 vol. in-12, dem.-rel. perc. lustrée.

911. — L'Homme au masque de fer, mémoire historique, par De Taulès. *Paris*, 1825, in-8, br.

912. — Delort. Histoire de l'Homme au masque de
fer. *Paris*, 1825. — Histoire de la détention des
philosophes et des gens de lettres. *Paris*, 1829 —
— Ensemble 4 vol. in-8, br.

913. — St-Simon considéré comme historien de
Louis XIV, par Chéruel. *Paris*, 1855, in-8, br.
Envoi d'auteur signé.

914. — Journal et Mémoires de Mathieu Marais sur
la Régence et le règne de Louis XV (1715-1737), publ. d'après le manuscrit par De Lescure. *Paris*,
1868, 4 vol. in-8, br.

915. — Journal et Mémoires de Collé (1748–1772) sur
les hommes de lettres et les événements du règne
de Louis XV, édit. augm. par H. Bonhomme. *Paris*, 1868, 3 vol. in-8, br.

916. — Correspondance inédite sur Louis XVI et
Marie-Antoinette, 1777–1792, publ. d'après les manuscrits par De Lescure. *Paris*, 1860, 2 vol. in-8, br.

917. — Louis XVI, Marie-Antoinette et madame Eli-
sabeth. Lettres et documents inéd. publ. par Feuillet de Conches. *Paris*, 1864–1873, 6 vol. in-8, br.

918. — De l'autorité de Rabelais dans la Révolution
présente et dans la Constitution civile du Clergé,
ouvrage de Ginguené, publié en 1791, réimprimé
avec avertissem. par Henri Martin. *Paris, Jouaust*,
1879, in-12, br.
Exemplaire en GRAND PAPIER WHATMANN.

919. — Nouvelle Satire Ménippée, recueil de traits,
chansons, etc., sur la Révolution, par Bosseluran.
Paris, 1791, in-12, dem.-rel. vél. bl.

920. — Liste générale et très complète de tous ceux
qui ont été condamnés à mort par le Tribunal Révolutionnaire établi à Paris, avec leurs noms, pré-
noms, qualités, âges, demeures, etc. *Paris, an III*
(1794), in-8, cart.
Complet en XI nᵒˢ, avec supplément au nᵒ IX. — Le nᵒ XI raccom-
modé.

921. — Mémoires anecdotiques pour serv. à l'histoire de la Révolution. *Paris*. 1801, in-12, dem.-rel. mar. n.

922. — Dictionnaire néologique des hommes et des choses de la Révolution, par le Cousin Jacques (Beffroy de Reigny). *Paris. an 8*, 3 vol. in-8, cart., non rognés.

> Interrompu par ordre du premier Consul, l'ouvrage comprend les lettres A-CO.

923. — Le Tartufe révolutionnaire. *Paris*. 1800. 2 vol. in-12, dem.-rel.

924. — Mémoires pour servir à l'histoire de la Révolution, par Sanson, exécuteur. 1829, 2 vol. in-8, br.

925. — Le Directoire. Portefeuille d'un Incroyable. par Roger de Parnes, avec préface de G. d'Heylly. *Paris*. 1880, in-8, br.

926. — Mémoires sur l'impératrice Joséphine. Navarre et La Malmaison. *Paris*, 1829, 3 vol. in-8, br.

927. — La Cour de l'impératrice Joséphine. par De St-Amand. *Paris*, 1884, in-12, br.

928. — Souvenirs d'un curieux octogénaire. Fin du premier Empire et Restauration, nouvelle édition revue et augmentée. *Tiré à 100 exemplaires pour distribution privée. Paris*, 1882, gr. in-8, br.

929. — Mémoires sur la Restauration, souvenirs historiques par la duchesse d'Abrantès. *Paris*, 1837, 6 vol. in-8, br.

930. — Mémoires secrets sur la chute de Charles X et sur le 24 février 1848, par De Marnay. *Paris. Jouaust*, 1875, in-8, br.

III. — HISTOIRE DE PARIS.

A. — *Topographie et Histoire.*

931. — Le Bassin Parisien aux âges antéhistoriques, par Belgrand. *Paris*, 1868-1869, 2 vol. de texte et atlas gr. in-4, cart.

932. — Paris sous Philippe-le-Bel. Rôle de la taille imposée en 1292, publié par Géraud. *Paris*, 1837, in-4, br.

933. — Paris en 1380. Plans de restitution, par Legrand. *Paris*, 1868, gr. in-4, dans un étui.

934. — Dictionnaire de l'ancien Paris, par Lock. *Paris, s. d.* (1867), in-12, br. — Guide dans les environs de Paris. 1781, in-12, v. — Voyage de Paris, par Dezallier. 1778, in-12, v. — Description des curiosités de Paris, par Dulaure. *Paris*, 1786. — Paris artistique et monumental en 1750, par Maihows, trad. par F. de Puisieux, réimprim. par H. Bonnardot. *Paris*, 1881, in-12, br. — Ens. 5 vol.

935. — Collection des anciennes descriptions de Paris. *Paris, Quantin.* 1879-1883, 10 vol. pet. in-8, br.
Paris, par de Marolles. — Lettres d'un Sicilien, par Marana. — Cholet. Remarques sur Paris. — Description des monuments de Paris, par Isaac de Bourges. — Glorieuses antiquités de Paris, par A. Du Mont-Royal. — La grande cité de Paris, par Thevet. — Plan et pourtraict de Paris, par Munster et Blauw. — L'ancienne cité de Paris, par Belleforest. — Théâtre de Paris, par La Roche Maillet. — La Prévôté de Paris, par Davity, Ranchin, Rocoles, etc. — Exemplaire sur PAPIER DE CHINE.

936. — Les rues et églises de Paris vers 1500. — Fête à la Bastille en 1508. Supplice de Biron en 1602, publ. par Bonnardot. *Paris*, 1876, in-8, br.

937. — Notice sur le plan de Paris, de Gomboust, par Leroux de Lincy. *Paris*, 1858, pet. in-8, pap. vergé, br.
Avec envoi autogr. signé de M. Leroux de Lincy.

938. — Journal d'un voyage à Paris en 1657-1658, publié par Faugère. *Paris*, 1862, in-8, br.

939. — Paris sous Louis XIV, par Maquet. Monuments et vues. *Paris*, 1883, gr. in-4, cart. perc. r.

940. — Dulaure. Nouv. description des environs de Paris. *Paris*, 1786. — Description des curiosités de Paris. *Paris*, 1791. — Ens. 3 vol. in-12, v.

941. — Dictionnaire des rues et des monuments de

Paris, par Lazare. *Paris*, 1846, gr. in–8 à 2 col., br.

942. — Description historique et graphique du Louvre et des Tuileries, par De Clarac. *Paris*, 1853, gr. in-8, br.

943. — L'Hôtel de Beauvais, rue St-Antoine, par J. Cousin. *Paris*, 1864, in-8, br.

Envoi d'auteur signé.

944. — Paris à travers les âges. Aspects successifs des monuments et quartiers historiques de Paris, dep. le XIIIe siècle jusqu'à nos jours, texte par E. Fournier, P. Lacroix, Bonnardot, Montaiglon, Cousin, Franklin, etc., planches par Hoffbauer. *Paris, Didot*, 1875-1882, 14 livraisons gr. in-fol., planches noires et color. dans des cartons en toile r., non rogn.

La 11e livraison manque. — Les 8 et 13e se trouvent en double.

945. — Le vieux Paris, ses derniers vestiges dessinés et gravés à l'eau-forte par Chauvet et Champollion, notice par L. Dufour, introduct. par P. Lacroix. *Paris, s. d.* (1877-1879), gr. in-4 orné de 24 gravures à l'eau-forte, en livraisons.

On a joint à cet exemplaire un fascicule paru antérieurement, avec texte par M. Jules Cousin.

946. — Bourse de Paris, par Brongniart, architecte. *Paris*, 1814, in-fol.

947. — Paris et ses historiens aux XIVe et XVe siècles. Documents et écrits originaux publiés par Leroux de Lincy et Tisserand. *Paris*, 1867, gr. in-4, cart.

948. — La Fleur des antiquitez de la ville et cité de Paris, par G. Corrozet, publ. par P. Lacroix. *Paris*, 1874, in-16, dans un étui.

Exemplaire sur PEAU DE VÉLIN.

949. — Les antiquitez de la ville de Paris, contenans la recherche des fondations, églises, chapelles, maisons remarquables et autres ouvrages curieux, etc. (par Malingre). *Paris,* 1640, in-fol , v.

950. — Histoire de la ville de Paris et du diocèse, par l'abbé Lebeuf, nouv. édition annotée par Cocheris. *Paris*, 1863-70, 4 vol. in 8, br.

951. — Dictionnaire historique de la ville de Paris et de ses environs, par Hurtault et Magny. *Paris*, 1779, 4 vol. in-8, v.

952. — Nouv. histoire de Paris et de ses environs, par J. de Gaulle, avec notes et introduct. par Ch. Nodier. *Paris*, 1839, 5 vol. gr. in-8, fig., dem.-rel.

953. — Histoire générale de Paris. Collection de documents. Introduction. *Paris*, 1866. — Livre des Métiers d'Etienne Boileau. xiiie siècle. Glossaire index, par Bonnardot. *Paris*, 1879. — Registre des délibérations de la ville de Paris (1499-1526). Tome premier. *Paris*, 1883, 3 vol. gr. in-4, cart.

954. — Collection de documents rares relatifs à l'histoire de Paris. *Paris, Willem*, 1874-1877, 8 vol. in-18, br.

Calendrier des confréries de Paris, par Dufour. — Les auteurs dramatiques et la Comédie-Française, par Bonassies. — Cris de Paris, par Franklin. — Dictz des rues, par Mareux. — Dance Macabre aux S. S. Innocents, publ. par Dufour. — Les rues de Paris en 1636, par Franklin. — Fleur des antiquitez, de Corrozet. — Les peintres Parisiens, par Dufour.

955. — Etienne Marcel, prévôt des marchands (1354-1358), par Perrens. *Paris*, 1874, gr. in-4, cart.

956. — Fr. De Montmorency, gouverneur de Paris, par De Ruble. *Paris*, 1880, in-8, br.

Envoi d'auteur signé.

957. — Les Armoiries de la ville de Paris. Sceaux, emblèmes, couleurs, devises, livrées et cérémonies publiques, par le Cte de Coetlogon et Tisserand. *Paris*, 1875, 2 vol. gr. in-4, fig., cart.

958. — L'abbé Val. Dufour. Le charnier de l'ancien cimetière Saint-Paul. *Paris*, 1866, in-8, tiré in-4, pap. de Holl. — Recherches sur la Dance Macabre

peinte en 1425 au cimetière des Innocents. *Paris,*
1873, in-4, pap. de Holl., br.

Envois d'auteur signés.

959. — Paris en 1794 et en 1795. Histoire de la rue,
du club, de la famine, composée d'après des documents inédits, par Dauban. *Paris,* 1869, in-8, br.

960. — Lettres sur Paris, correspondance de M** en
1806-1807. *Heidelberg,* 1809, in-12, v.

961. — H. Bonnardot. Monographie du VIII° arron-
dissement de Paris, étude archéolog. et historique,
avec 9 planches. *Paris, Quantin,* 1880, in-4, br.

962. — Inscriptions de l'ancien diocèse de Paris, rec.
et publiées par De Guilhermy. *Paris,* 1873-1879,
4 vol. in-4, cart.

963. — Tablettes quotidiennes du siège de Paris, ra-
conté par la lettre-journal par D. Jouaust. *Paris,
Jouaust,* 1871, gr. in-8, pap. de Hollande, br.

964. — Les Bourgeois célèbres de Paris, par Lacombe. *Paris, s. d.,* 4 vol. in-8, br.

B. — *Écrits humoristiques sur les mœurs de Paris.
Romans dont la scène se passe à Paris.*

965. — Les Nuits de Paris ou le Spectateur nocturne
(par Restif de la Bretonne). *Paris,* 1791, 14 tom. en
7 vol. — La Semaine nocturne, histoire du Jardin
du Palais-Royal. *Paris,* 1790, 1 vol. — Ens. 15 tom.
en 8 vol. in-12, dem.-rel.

966. — Les astuces et les tromperies de Paris, par
Nougaret. *Paris, an VII,* in-12, dem.-rel. vél. bl.

967. — Quelques semaines de Paris. *An IX,* 3 vol. in-
12, dem.-rel. mar. n.

968. — Le Péruvien à Paris, par Rosny, *Paris,* 1801,
2 vol. in-12, dem.-rel. toile lustrée.

969. — Voyage sentimental de Paris à Berne. *Paris,*
1801, in-12, dem.-rel. vél. bl.

970. — Histoire d'un Ane, par l'Athénée de Montmartre. *Paris*, 1802, in-12, dem.-rel. vél. bl.

971. — Fanchon la vieilleuse du boulevard du Temple. *Paris*, 1803, in-12, dem.-rel. mar. r.

972. — Le Palais-Royal ou les amours de la duchesse d'Orléans. *Hambourg*, 1806, 2 vol. in-8, dem.-rel. mar. Lavall.

973. — La Laitière de Bercy. *Paris*, 1806, 3 vol. in-12, dem.-rel. vél. bl.

974. — Madame Billy ou les bourgeois de Paris. *Paris*, 1808, 4 vol. in-12, dem.-rel. vél. bl.

975. — Faustine ou l'ancien Paris, par *G. Paris*, 1808, in-12, dem.-rel. vél. bl.

976. — La Roulette, histoire d'un joueur, par R*. *Paris*, 1814, in-12, dem.-rel. vél.

977. — Le numéro 113 ou les catastrophes du jeu, par Cuisia. *Paris*, 1814, in-12, dem.-rel. mar. v.

978. — Les matinées du Palais-Royal. *Paris*, 1815, in-12, dem.-rel. vél. bl.

979. — Les Lions de Paris et les Tigres de Londres, par Henriette Wilson. *Paris*, 1825, in-12, dem.-rel. vél. bl.

980. — Les Jumeaux de Paris, par Raban. *Paris*, 1828, 3 vol. in-12, dem.-rel. vél. bl.

981. — Le clocher de St-Jacques la Boucherie, histoire, par De Bast. *Paris*, 1835, 2 vol. in-12, dem.-rel. vél. bl.

982. — Revue Parisienne, par Balzac. *Paris*, 1840, in-18, dem.-rel. mar. r.

983. — Paris intime, notes et eaux-fortes, par Martial. *Paris*, s. d., in-fol. en feuilles.
Recueil de planches à l'eau-forte. — Exemplaire numéroté 95.

984. — Notes et dessins d'un Japonais sur Paris, pendant l'exposition. 10 eaux-fortes de Martial. *Paris*, 1878, gr. in-4.

985. — Carnet d'un mondain. Gazette parisienne, par Etincelle. *Paris*, 1881, in-8, br.

IV. — HISTOIRE DES PROVINCES DE FRANCE.

986. — Guide royal ou dictionnaire topographique des routes de Paris aux villes, bourgs et abbayes du royaume, par L. Denis. *Paris*, 1774, 2 vol. in-12, v.

987. — Almanach des environs de Paris, conten. la topographie de l'archevêché, par Desnos. *Paris*, 1779, in-12, v.

Recueil de cartes gravées.

988. — Dictionnaires topographiques des départements, compren. les noms de lieux anciens et modernes, publ. par le ministère de l'Instruct. publ. *Paris*, 1861-1874, 16 vol. in-4, br.

Départements de l'Aisne, par Matton. — Aube, par Boutiot.— Basse-Pyrénées, par Raymond. — Dordogne, par de Gourgues. — Eure, par De Blosseville. — Eure-et-Loir, par Merlet. — Gard, par Germon. — Haut-Rhin, par Stoffel. — Hérault, par Thomas. — Mayenne, par Maitre. — Meurthe, par Lepage. — Meuse, par Liénard. — Morbihan, par Rozenweig. — Moselle, par De Bouteiller. — Nièvre, par de Soultrait. — Yonne, par Quentin.

989. — Répertoires archéologiques des départements, publiés par le ministère de l'Instruction publique. *Paris*, 1861-1872, 7 vol. in-4, br.

Aube, par d'Arbois. — Morbihan, par Rozenweig. — Nièvre, par De Soultrait. — Oise, par Woiller. — Seine-Inférieure, par Cochet. — Tarn, par Croza. — Yonne, par Quentin.

990. — La Légende de Versailles, 1682-1870, par Blaze de Bury. *Paris*, 1876, in-12, br.

Envoi d'auteur signé.

991. — Les Chroniques des pays de Rémollée et de Thor (basse-forêt de Montmorency, Sᵗ-Leu, Taverny, Saint-Prix, Montlignon, Bouffémont-Ermont, etc.), par Lucien Double. *Paris*, 1869, gr. in-8, fig., pap. de Holl., br.

992. — Chronique d'une ancienne ville royale, Dour-
dan, capitale du Hurepoix, par Jos. Guyot. *Paris*,
1869, gr. in-8, fig., pap. vergé, br.
Envoi d'auteur signé.

993. — Histoire de Marcoussis, par Malte-Brun. *Paris*, 1867, in-8, br.
Envoi d'auteur signé.

994. — Archives du château de Chenonceau, publ.
par l'abbé C. Chevalier. — Pièces historiques relatives à la Chastellenie de Chenonceau sous
Louis XII, François Iᵉʳ et Henry II, Diane de Poitiers et Catherine de Médicis. — Lettres et devis
de Philibert De L'Orme. — Comptes des receptes et
despences faites en la Chastellenie de Chenonceau
par Diane de Poitiers. — Diane de Poitiers au Conseil du Roy. *Paris*, 1864-66. — Ens. 4 vol. in-8,
pap. vergé, br.

995. — Quatre vues de l'ancien Troyes, avec notices
publiées par Verusottis (Varlot). *Troyes*, 1860,
in-4, br.

996. — Chroniques des comtes d'Anjou, publ. par
Marchegay, Salmon et Mabille. *Paris*, 1881, in-8,
br. — Chroniques des églises d'Anjou, publiées par
Marchegay et Mabille. *Paris*, 1879, in-8, br. — Ens.
2 vol.

997. — Histoire de Foulques Nerra, comte d'Anjou,
par De Salis. *Angers*, 1874, in-12, br.
Envoi d'auteur signé.

998. — Lettres sur l'origine de la chouanerie et sur
les chouans du Bas-Maine, par Duchemin. *Paris*,
1825, 2 vol. in-8, br.

999. — Mémoires d'un ancien chef vendéen pour dé-
tourner les habitans de l'Ouest de l'insurrection.
Paris, 1832, 2 vol. in-8, br.

1000. — Lettres, mémoires et documents publiés avec
des notes sur la formation, le personnel, l'esprit du
1ᵉʳ bataillon des Volontaires de Maine-et-Loire et

sur sa marche à travers les crimes de la Révolution française, par F. Grille. *Paris*, 1848, 2 vol. in-8, br.

1001. — La Vendée en 1793, par Fr. Grille. *Paris*, 1851, 3 vol. in-8, br.

1002. — Cartulaire de l'abbaye de Redon en Bretagne, publié par A. De Coursen. *Paris*, 1883, in-4, cart.

1003. — Chronique de Normandie au xIVe siècle, publiée par Molinier. *Paris*, 1882, in-8, br.

1004. — Annales de St Bertin et de St Vaast, publ. par Dehaisnes. *Paris*, 1871, in-8, br.

1005. — Gestes des évêques de Cambrai (1092-1138), texte publié par De Smedt. *Paris*, 1880, in-8, br.

1006. — Récits d'un bourgeois de Valenciennes. xIVe siècle, publ. pour la prem. fois d'après un ms. de la bibliothèque de l'Arsenal à Paris, par le baron Kervyn. *Louvain*, 1877, gr. in-8, br.

1007. — Cartulaire de l'abbaye de Beaulieu en Limousin, publié par Deloche. *Paris*, 1859, in-4, cart.

1008. — Chroniques de St Martial de Limoges, publiées par Duplès-Agier. *Paris*, 1874, in-8, br.

1009. — Histoire de Thiers. — La coutellerie thiernoise de 1500 à 1800, par S. Joanny. *Thiers*, 1863, in-8, br.

1010. — Recueil de chartes de l'abbaye de Cluny, formé par A. Bernard, publié par Bruel. *Paris*, 1876-1880, 2 vol. in-4, cart.

1011. — Cartulaire de l'abbaye de Savigny, suivi du petit Cartulaire de l'abbaye d'Ainy, publiés par A. Bernard. *Paris*, 1853, 2 vol. in-4, cart.

1012. — Cartulaires de l'église cathédrale de Grenoble, publiés par Marion. *Paris*, 1869, in-4, cart.

1013. — Chroniques Dauphinoises pendant la Révolution. Les Savants du départem. de l'Isère et la Société des Sciences, des Belles-Lettres et des Arts de Grenoble, par A. Champollion-Figeac. *Vienne*, 1880, gr. in-8, br.

Envoi d'auteur signé.

1014. — Cartulaire de l'abbaye St Victor de Marseille, publié par Guérard. *Paris*, 1857, 2 vol. in-4, cart.

1015. — Recueil de pièces relatives aux guerres de religion de Toulouse. *Paris*, 1862, in-12, br.

1016. — Histoire de la guerre de Navarre en 1276-1277, par Anelier de Toulouse, publ. par Francisque Michel. *Paris*, 1856, in-4, cart.

1017. — Histoire de Béarn et de Navarre (1517-1572), par De Bordenave, publ. sur le manuscrit par P. Raymond. *Paris*, 1883, in-8, br.

V. — HISTOIRE ÉTRANGÈRE.

1018. — La justification du Seigneur Richard de Mérode, Seigneur de Frantzen, touchant la querelle avecq. le Seigneur Don Roderigue de Benarides, en laq. sont contenus tous les cartels d'entre eux envoyés, etc., translaté de l'italien en françois. A *Mantue*, 1560, in-8, fig., cart., non rogné.

Réimpression fac-simile, tirée à 46 exemplaires.

1019. — Le siège et les fêtes de Binche (1544-1549), par Ruellens. *Mons*, 1868, in-8, br.

Envoi d'auteur signé.

1020. — Histoire de la ville de Hal, d'après les documents originaux, par L. Everaert et J. Bouchery. *Louvain*, 1879, gr. in-8, pap. vergé, br.

Envoi de l'éditeur.

1021. — Marie-Louise-Gabrielle de Savoie, reine d'Espagne, étude historique par Fréd. Sclopis. *Turin*, 1866, gr. in-8, br.

Envoi d'auteur.

1022. — La Diplomatie Vénitienne. Force de l'Europe au XVIe siècle, par Arm. Baschet. *Paris*, 1862, in-8, av: fac-simile, br. — Archives de Venise. Histoire de la Chancellerie secrète, par Arm. Baschet. *Paris*, 1870, in-8, br.

1023. — Négociations diplomatiques de la France avec la Toscane, publ. par Desjardins. *Paris*, 1853-1875, 5 vol. in-4, cart.

1024. — Etudes sur l'Espagne, par Ph. Chasles. *Paris*, 1847, in-12, br.
   Envoi d'auteur signé.

1025. — Histoire de la vie et du règne de Nicolas Ier, empereur de Russie, par Paul Lacroix (bibliophile Jacob). *Paris, Hachette,* 1864-73, 8 vol. gr. in-8, br.
   Exemplaire en GRAND PAPIER VÉLIN FORT.

1026. — La mort d'Alexandre II. Extrait des Mémoires du Prince Romuald Giédroyc. *Ne se vend pas,* (*Imprimé à Evreux, chez Hérissey*), 1881, in-4, pap. de Holl., portr. d'Alexandre II sur son lit de mort, br.

1027. — Histoire de la Géorgie, dep. l'antiquité jusqu'au XIXe siècle, publ. en géorgien et en français par Brosset et Tchoubinoff (avec les additions). *St-Pétersbourg,* 1849-54, 4 tomes en 6 vol. in-4, br.

1028. — Der Neu-eroffneten Ottomanischen Pforten fortsetzung oder... *Auspurg,* 1700, 2 vol. in-fol., figures et portraits, vél.

1029. — Manuscrit pictographique américain, précédé d'une notice sur l'idéographie des Peaux-Rouges, par l'abbé Em. Domenech. *Paris,* 1860, gr. in-8, avec fig. de fac-simile, br. — La vérité sur le Livre des Sauvages, par l'abbé E. Domenech. *Paris*, 1861, in-8, fig., br.
   Exemplaires avec envois d'auteur.

1030. — Réimpressions et publications relatives à l'Inde. — 5 vol. in-12 et in-18, br.
   Calidasa, Sacountala, trad. par Bergagne et Lehargeur. *Paris,*

Jouaust, 1884. — Le second voyage de Vasco de Gama à Calicut, relation flamande éditée vers 1504, publ. par Berjeau. *Paris, Charavay*, 1881. — Contes et légendes de l'Inde ancienne, par Mary Summer. *Paris, Leroux*, 1878. — L'épouse d'outre-tombe, conte chinois, trad. par L. de Rosny. *Paris*, 1864. — Les Abyssiniennes et les femmes du Soudan Oriental. *Turin, Gay*, 1876.

VI. — NOBLESSE. — ARCHÉOLOGIE. — NUMIS-MATIQUE.

1031. — Les familles d'outre-mer, de Ducange, publ. par Rey. *Paris*, 1869, in-4, cart.

1032. — Le Blason des Armes, suivi de l'Armorial des villes, châtellenies, cours féodales, seigneuries et familles de l'ancien comté de Flandre, par Corneille Gailliard, roi et héraut d'armes de l'empereur Charles-Quint, publié, annoté et précédé d'un essai critique sur l'art de blasonner, par Jean Van Walderghem, et d'une note biogr. par Léop. Van Hollebeke. *Bruxelles*, 1866, pet. in-4, pap. de Holl., blasons coloriés avec soin à la main, br.

Avec envoi de l'éditeur, M. Van Hollebeke.

1033. — L'Etat de la France, contenant les princes, clergé, ducs et pairs, avec les noms des officiers de la maison du Roi. *Paris*. 1736, 5 vol. in-12, v. — L'Etat de l'Europe, par Ste Marthe. *Paris*, 1670, 2 vol. in-12, v. (*Piqués.*)

1034. — Indicateur du Mercure de France (1672-1789), par J. Guigard. *Paris*, 1869, in-8, br.

1035. — Indicateur du grand Armorial de d'Hozier (par Louis Paris). *Paris*, 1856, in-8, dem.-rel. mar. r.

1036. — Nobiliaire universel de France ou recueil général des généalogies historiques des maisons nobles de ce royaume, par de Saint-Allais. *Paris*, 1872-75, 20 tomes en 40 demi-volumes, br.

1037. — Armorial du Bibliophile, par Joannis Guigard. *Paris*, 1870-73, 2 tom. en un vol., blasons dans le texte, gr. in-8, br.

· Avec dédicace en latin et lettre autographe signée de l'auteur.

1038. — Lettres inédites de L. d'Hozier et de Castres d'Auvigny, publ. par Silhol. *Paris*, 1869, in-12, br.

1039. — Nobiliana. Curiosités nobiliaires et héraldiques, par Chassant. *Paris*. 1858, in-12, br.

1040. — Essai sur le système des hiéroglyphes phonétiques du Dr Young et de Champollion, par H. Salt, trad. de l'angl. par L. Devere. *Paris*, 1847, in-8, dem.-rel.

Envoi d'auteur : « *A M. Paul Lacroix, faible témoignage d'estime pour sa personne et ses ouvrages.* »

1041. — Dictionnaire des antiquités romaines et grecques, par Rich. *Paris*, 1859, in-8, fig., br.

1042. — Le culte de Priape et ses rapports avec la théologie des anciens, par R. Payne. *Luxembourg*, 1866, in-4, br.

1043. — Recueil de diplômes militaires, publié par L. Renier. (1re partie), *Paris*, 1876, in-4, br.

Tout ce qui a paru.

1044. — Études d'archéologie celtique, par Henri Martin. *Paris*, 1872. in-8, br.

Envoi d'auteur signé.

1045. — Études d'archéologie et d'histoire, par Fortoul. *Paris*, 1854, 2 vol. in-8, br.

1046. — De la collection Migne. — 4 vol. gr. in-8, br.

Dictionnaire d'archéologie sacrée, par J.-J. Bonnassé. *Paris*, 1851, 2 vol. — Dictionnaire d'orfèvrerie, de gravure et de ciselure chrétienne, par l'abbé Texier. *Paris*, 1857, 1 vol. — Dictionn. d'anecdotes chrétiennes, par l'abbé P. Johanneaud. *Paris*, 1857, 1 vol.

1047. — Étude sur les Sarcophages chrétiens antiques de la ville d'Arles, par Edm. Le Blant. *Paris, Imprim. Nat.*, 1878, gr. in-4, fig., cart., non rogné.

1048. — La Chape de St Maxime de Chinon, par V. Luzarche. *Tours*, 1853, in-8, br.

1049. — Monographie du coffret de M. le duc de Blacas, par Mignard. *Paris*, 1852. — Suite de la monographie du coffret de M. de Blacas ou preuves du
Manichéisme de l'Ordre du Temple, par Mignard.
Paris, 1853. — Ensemble 2 fascicules in-4, br.

1050. — Recherches sur les antiquités de la Russie
méridionale, par Ouvaroff. *Paris*, 1855, in-fol., br.

1051. — De la collection Migne. — 2 vol. gr. in-8, br.

    Dictionn. de numismatique et de sigillographie. *Paris*, 1852, 1 vol.—
Dictionn. raisonné de diplomatique, par Quantin. *Paris*, 1866, 1 vol.

1052. — Les Jetons de l'échevinage parisien, documents pour servir à l'histoire métallique du bureau
de la ville et des diverses institutions parisiennes,
recueillis par d'Affry de la Monnoye. *Paris*, 1878,
in-4, fig., cart.

1053. — Description des monnaies espagnoles composant le cabinet Garcia de La Torre *Madrid*, 1852,
in-8, br.

VII. — MÉLANGES HISTORIQUES. — BIOGRAPHIES. JOURNAUX.

1054. — Dictionn. historique et critique par P. Bayle,
édit publ. par Des Maizeaux. *Basle*, 1738, 4 vol. —
Nouv. dict. histor. et crit. pour servir de supplément et de continuat. au dict. de P. Bayle, par J.G.
de Chaufepié. *Amst.*, 1755–56, 4 vol. — Dict. histor. ou mémoires critiques et littéraires, par Prosp.
Marchand. *La Haye*, 1758, 2 tom. en un vol. — Ensemble 9 vol. in-fol., v. m.

1055. — Dictionnaire historique et critique de Pierre
Bayle (édit. revue par Beuchot). *Paris, Desoer*,
1828, 16 vol. in-8, v. rac.

1056. — Le grand dictionnaire historique, par L. Mo-
réri. *Paris*, 1859, 10 vol. in-fol., v.

    Edition la plus complète. — Cachet de l'ancienne bibliothèque de Sor-
bonne sur les titres.

1057. — Encyclopédie des gens du monde. *Paris, Treuttel et Wurtz, s. d.,* 22 tomes en 44 vol. gr. in-8, br.

1058. — Anecdotes historiques, légendes et apologues tirés du recueil d'Etienne de Bourbon. dominicain du XIIIe siècle, publ. par Lecoq de la Marche. *Paris,* 1877. in-8, br.

1059. — Causeries d'un Curieux. Variétés d'histoire et d'art, avec fac-similé d'autographes, par Feuillet de Conches. *Paris,* 1862-1868, 4 vol. in-8, br.

1060. — Recherches sur les fous des rois de France. par A. Canel. *Paris,* 1873, in-8, br.

1061. — Les favorites des rois de France dep. Agnès Sorel, par Chateauneuf. *Paris,* 1826, 2 vol. in-12. br.

1062. — Liber Vagatorum. Le livre des Gueux. *Strasbourg.* 1862. in-12, br.

1063. — Les Vies des Hommes illustres, par Plutarque, traduites en français par Ricard. *Paris, Didot,* 1868. 2 vol. gr. in-8, br.

1064. — Biographie universelle Michaud, ancienne et moderne, nouv. édition. *Paris, Thoinier-Desplaces,* 1848 *et années suivantes,* 45 vol. in-4, à 2 col., br.

1065. — Biographie universelle, par le général Beauvais. *Paris,* 1829. 3 vol. in-8, dem.-rel. vél. bl.

1066. — Nouv. biographie universelle, publ. sous la direct. du Dr Hoefer. *Paris, Didot,* 1852-66, 46 vol. in-8, à 2 col., br.

1067. — Dictionnaire critique de biographie et d'histoire, errata et supplément pour tous les dictionnaires historiques, par Jal. *Paris,* 1872, gr. in-8, br.

1068. — Biographie univers. et portative des contemporains, par Rable, Vieilh de Boisjolin et Ste-Preuvé. *Paris,* 1836, 5 vol. in-8, dem.-rel. vél. bl.

1069. — Biographie Vendomoise. Tome premier (seul paru). comprenant les lettres A-D, par le comte de Rochambeau. *Paris,* 1884, in-8, br.
Envoi d'auteur.

1070. — Vie de Jean de Ferrières, vidame de Chartres. *Auxerre,* 1858, in-8, br.

1071. — Pierre de Paschal, historiographe du Roi, 1522-1565, étude biographique et littéraire par Paul Bonnefon. *Bordeaux,* 1883. pet. in-4, br.
Exemplaire n° 1. — Envoi d'auteur signé : « A *l'infatigable biblio-phile Jacob j'offre mon premier né comme témoignage de ma respec-tueuse gratitude et d'une profonde admiration.* »

1072. — Le chancelier Séguier. Etude par Kerviler. *Paris,* 1875, in-12, br.
Envoi d'auteur signé.

1073. — Confessions de J.-J. Bouchard, Parisien, suivies de son voyage à Rome en 1630, publ. sur le manuscrit par Liseux. *Paris,* 1881, in-8, br.

1074. — Pellisson. Etude sur sa vie, par Marcou. *Paris,* 1859, in-8, br.
Envoi d'auteur signé.

1075. — Mémoires de Huet, évêque d'Avranches, trad. de lat. en français par Ch. Nisard. *Paris,* 1853, in-8, br.

1076. — Mémoires de Fioraventi, connu sous le nom du marquis Danis. *Genève,* 1748, 2 vol. in-12, dem.-rel.

1077. — Maurice, comte de Saxe, et Marie de Saxe, dauphine, documents inédits des archives de Dresde, publiés par le C\u1d57ᵉ Witzthum. *Londres,* 1867, gr. in-8, br.
Envoi d'auteur signé.

1078. — Vie du comte de Hoym, célèbre amateur de livres (par le baron Pichon). *Paris,* 1880, 2 vol. gr. in-8, pap. vergé, br.
Envoi d'auteur signé.

1079. — Edm. et J. de Goncourt. La duchesse de Châteauroux et ses sœurs. *Paris,* 1879, in-12, br.
Envoi signé d'un des auteurs.

1080. — Sophie Arnould, d'après sa correspondance et ses mémoires inédits, par Ed. et J. de Goncourt. *Paris, Dentu*, 1877, pet. in-4, portr. et texte avec entourage grav. sur bois, br.
Envoi d'auteur signé.

1031. — La Saint Huberty, d'après sa famille, par Ed. de Goncourt. *Paris*, 1882, in-8, br.
Envoi d'auteur signé.

1082. — Vie du maréchal de Richelieu, contenant ses amours et intrigues. *Paris*, 1791, 3 vol. in-8, cart.

1083. — Le maréchal de Richelieu et madame de St Vincent, par Mary Lafon. *Paris*, 1863, in-8, br.

1084. — Madame de Montmorency, par A. Renée. *Paris*, 1858, in-8, br.
Envoi d'auteur signé.

1085. — Mes souvenirs sur Mirabeau, par mad. R*. *Paris*, 1869, in-8, br.

1086. — Mémoires et caravanes de J. De Luppé de Gavra, né chevalier de St Jean de Jérusalem, suivis des mémoires de son neveu, publiés par le comte de Luppé. *Paris*, 1865, in-4, br.

1087. — Pilatre de Rozier et les aérostats, par Bégin. Esquisses biographiques. *Metz, s. d.*, gr. in-8, br.
Tiré à 50 exemplaires.

1088. — Table méthodique des mémoires de Trévoux (1701-1775), par le P. Sommervogel. *Paris*, 1865, 3 vol. in-12, br.

1089. — Journal de Paris, du 1er juillet 1777 au 31 décembre 1800, et du 22 novembre 1804 au 30 septembre 1811. — Ensemble 84 vol. in-4, dem.-rel. et cart.

1090. — Le Conservateur, bibliothèque choisie. *Paris*, 1788, 4 vol. in-12, v.

1091. — Magasin Encyclopédique ou Journal des sciences, des lettres et des arts, rédigé par Millin. *Paris*, 1792-1816, 122 vol. — Table générale des matières des 122 vol., rédigée par Sajou. *Paris*, 1819, 4 vol. — Annales encyclopédiques, suite du précédent ouvrage, années 1817 et 1818, 12 vol. — Ensemble 138 vol. in-8, dem.-rel.

> Collection bien complète.

1092. — Journal des Savants. *Paris*, 1817-1882. 68 années in-4, en livrais.

1093. — Table décennale de la Revue encyclopédique, par Miger. *Paris*, 1831, 2 vol. in-8, dem.-rel. v. rose.

1094. — La Sentinelle de l'honneur, petite revue patriotique, par De Lassalles. *Paris*, 1818, in-8, br.

1095. — Le Miroir. *Paris*, 16 février 1821, — 24 juin 1823. 5 vol. gr. in-4, dem.-rel. mar. r.

1096. — Revue Britannique, publiée par Saulnier et Amédée Pichot. 1re série. *Paris*, 1825 à 1830, 30 vol. — 2e série. 1830 à 1832, 12 vol. — 3e série. 1833 à 1835, 18 vol. — Ens. 60 vol. in-8, dem.-rel. v. rose.

1097. — La nouvelle Minerve, revue politique et littéraire, fondée par Laffitte, Dupont (de l'Eure), Lafayette, Crémieux, etc. *Paris*, 1835-38, 12 vol. gr. in-8, cart., non rog.

> Collection depuis l'origine (1835) jusqu'à fin février 1838.

1098. — 24 boites en forme de livres in-4, dos de mar. rouge, plats en v. marbré, dent., tr. marbrée, pour classement de notes par ordre alphabétique. (*Reliure ancienne*).

EAUX-FORTES, PAR LALAUZE

1099. — Illustrations de Lalauze pour le Diable Boiteux de Le Sage. Suite de 9 planches, y compris le portrait de l'auteur. — Premières épreuves d'artiste avant-lettre, avec remarques, chaque planche signée au crayon par Lalauze; la première avec envoi : « *A mon cher Maître.* » — In-4, en feuilles.

1100. — Illustrations des Contes d'Hoffmann, par Lalauze. — 10 pièces sur Hollande, avec dédicace à Paul Lacroix. Epreuves de premier état, avec les remarques. Chaque planche paraphée au crayon par l'artiste. — In-4, en feuilles.

1101. — Illustrations par Lalauze de la Collection des Petits Chefs-d'Œuvre, publ. par Jouaust. — 18 pièces sur Japon et sur Hollande, avant lettre, signées par le graveur, la plupart en toutes premières épreuves d'artiste avec remarques, 7 pièces sont doubles ou en états différents. — In-4, en feuilles.

1102. — Illustrations par Lalauze pour Manon Lescaut, édit. Quantin. — 3 pièces, épreuves dites d'artiste, avant lettre, sur Japon, signées du graveur. — In-4, en feuilles.

1103. — Illustrations par Lalauze des Œuvres de Millevoye, publ. par Paul Lacroix, édit. Quantin. — 8 pièces, avec dédicace à Paul Lacroix, toutes signées du graveur, en premier état, épreuves d'artiste, avant lettre, avec remarques, sur Japon et sur Hollande ; 1 pièce est en deux états. — In-4, en feuilles.

1104. — Illustrations des Mille et une Nuits, par Lalauze. — Suite de 21 pièces sur Hollande, avec dédicace à Paul Lacroix, toutes signées du graveur. — Premières épreuves d'artiste avant lettre, avec remarques. — In-4, en feuilles.

1105. — Illustrations de la Physiologie du Goût, de Brillat-Savarin, par Lalauze. — Suite de 52 pièces sur Hollande, avec dédicace à Paul Lacroix. Toutes les planches ont la signature du graveur au crayon et sont en premier état, avec les remarques. — In-4, en feuilles.

1106. — Diverses pièces gravées par Lalauze. — Fac-simile d'un dessin de Rembrandt. — Un ex-libris. — Portrait de Molière. — Le piédestal (Œuvres

de J. Janin). — Portrait de M. James de Rothschild.
Portrait de Mlle de Mondonville. — Portrait de
M. Grévy. — Un cul-de-lampe. — En tout 8 pièces,
différ. formats sur Japon et sur Hollande, en premières épreuves d'artiste, la plupart avec remarques, avec dédicaces et paraphées.

FIN DU PREMIER CATALOGUE

TABLE DES DIVISIONS

PREMIÈRE PARTIE

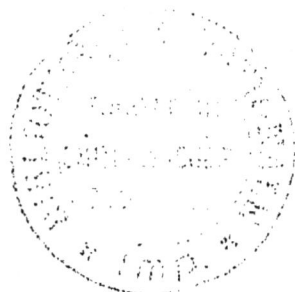

FIN

CONDITIONS DE LA VENTE

Les acquéreurs payeront, suivant l'usage, cinq pour cent, en sus des enchères, applicables aux frais de vente.

Les livres sont supposés complets et vendus comme tels. Ils ne seront repris pour aucune défectuosité, sauf le cas où ils seraient reconnus réellement incomplets.

Les réclamations de ce chef devront être adressées dans les vingt-quatre heures de l'adjudication. Une fois le procès-verbal clos, aucune réclamation ne pourra être admise.

Il y aura exposition, chaque jour, de 2 h. 1/2 à 4 h. 1/2 de l'après-midi, des livres qui seront vendus à la vacation du soir.

La **Librairie A. Claudin** se chargera des commissions des personnes qui ne pourraient assister à la vente, moyennant une commission de 5 0/0. Les acheteurs du dehors, qui désireraient que leurs acquisitions fussent soigneusement collationnées avant l'expédition, devront payer un droit supplémentaire équivalant au temps passé pour cette opération entièrement distincte de la commission.

ORDRE DES VACATIONS

PREMIÈRE VACATION. — Lundi 2 Mars.
*N*ᵒˢ *1 à 180*.

Avis. — Le Nᵒ 181, *Le Gastronome*, réclamé au dernier moment, comme étant compris dans le legs fait à la ville de Montpellier, ne sera pas vendu. — On vendra à la place un exemplaire *double* qui n'est pas tout à fait complet et dont plusieurs numéros portent la mention imprimée *Epreuve*. — Ce journal est dû, en partie, à la collaboration anonyme du *Bibliophile Jacob*, ainsi qu'il le déclare lui-même dans ses papiers.

IIᵉ VACATION	**IVᵉ VACATION**
Mardi 3 Mars	Jeudi 5 Mars
*N*ᵒˢ *182 à 361*	*N*ᵒˢ *550 à 732*.
IIIᵉ VACATION	**Vᵉ VACATION**
Mercredi 4 Mars	Vendredi 6 Mars
*N*ᵒˢ *362 à 549*.	*N*ᵒˢ *733 à 930*.

VIᵉ VACATION. — Samedi 7 Mars.
*N*ᵒˢ *931 à 1106*.

Dole. — Typ. Ch. Blind, rue Dusillet, 19.

www.ingramcontent.com/pod-product-compliance
Lightning Source LLC
Chambersburg PA
CBHW051741090426
42738CB00010B/2358